自分の幸せに気づく心理学

アメリカ「無名兵士の言葉」が教える大切なこと

加藤諦三

PHP

小野蘭山べんさい自然の

森銑三

自分の幸せに気づく心理学

【悩める人々への銘】

大きなことを成し遂げるために
強さを求めたのに
謙遜を学ぶようにと弱さを授かった

偉大なことができるようにと
健康を求めたのに
より良きことをするようにと病気を賜った

幸せになろうとして
富を求めたのに
賢明であるようにと貧困を授かった

世の人々の称賛を得ようと
成功を求めたのに
得意にならないようにと失敗を授かった

人生を楽しむために
あらゆるものを求めたのに
あらゆるものを慈しむために人生を賜った

求めたものは
一つとして与えられなかったが
願いはすべて聞き届けられた
私は　もっとも豊かに祝福された

A CREED FOR THOSE WHO HAVE SUFFERED

I asked God for strength, that I might achieve
I was made weak, that I might learn humbly to obey...

I asked for health, that I might do greater things
I was given infirmity, that I might do better things...

I asked for riches, that I might be happy
I was given poverty, that I might be wise...

I asked for power, that I might have the praise of men
I was given weakness, that I might feel the need of God...

I asked for all things, that I might enjoy life
I was given life, that I might enjoy all things...

I got nothing that I asked for-but everything I had
hoped for

Almost despite myself, my unspoken prayers were answered.
I am among all men, most richly blessed !

新版はしがき

人間の幸せを考える時に最も重要な二つのポイントがある。

それは「比較」と「慣れ」である。アメリカの著作や論文に時々出てくる「comparison & adaptation」の危険である。この二つが障害になる。(註1)

このComparison and Adaptationという二つの問題はすでに10年以上前に指摘されている。(註2)

Adaptationの恐ろしさに注意を払わない人は多い。

「慣れ」とは、例えば健康な人が、自分が健康であることに慣れてしまうことである。

慣れていない人は健康で会社に行けるのはありがたいと感じる。それができるのは当たり前のことではないからである。

ある深刻な坐骨神経痛の人である。消耗して朦朧《もうろう》としていた。疲れ果てて、倒れそうになった時に、椅子を見つけた。

しかし坐骨神経痛だから座ると痛い。座りたいけど痛くてすわれない。

そんな時に超高級なホテルに行っても、ロビーで休む場所はない。柔らかいソファーを見ても、それは凶器でしかない。それらは刃物で自分を刺してくるものでしかない。

家にいる時を除いて、どんなに肉体的に苦しくても道端で寝転がって上を向いて寝る以外に、彼にとってこの地球に自分のいる場所はない。

彼は山火事の起きている山のなかにいるような恐怖感に襲われていた。

椅子に座れる、それは信じられないほどの幸せなことである。「椅子に座れる」というのは当たり前のことではない。

健康な人にはマッサージチェアーは居心地の良いものである。しかし彼にとっては凶器である。

そよ風が「気持ちよい」と感じて幸せを感じられるかどうか。それが「慣れ」の問題である。

ある六十代の男性が脳梗塞になった。その後、脳梗塞は治ったのであるが、色々な事柄について人生に対する考え方が変わった。

それまでは六十代になり夜中にトイレに起きる回数が増えて歎《なげ》いていた。歳をとることだけが原因かどうかは別にして、夜中に度々起きることで、睡眠は妨げられる。

その男性は夜中のトイレを歎いていた。

しかし脳梗塞を体験してから、自分でトイレに行けることがどんなに幸せなことかに気がついた。

自分で起きて自分でトイレに行けることが当たり前と思っていたが、そうではないと分かり、夜中のトイレは嘆きから感謝に変わった。

何事も当たり前のことはないと初めて理解し幸せになった。

最も不幸なのは完全主義者と欲張りである。

恵まれていることを当たり前と思うばかりでなく、さらにその上を望む。

これらのものは容易に手に入るものと思っている。従ってこれらのものを手に入れるために努力しない。


160人の患者さんについて調べてみると、痛みを受け入れている人の方が、幸せ感は強い。

痛みでさえも「痛みを受け入れる」と和らぐ。つまり「痛みを心配する」とかいうような直接的なことばかりでなく、憂鬱《ゆううつ》になりにくいとか、より活動できるとかいうことにまで影響する。(註3)

それはシーベリーの言う「不幸を受け入れる」ということにも通じる。

さらにアドラーの言う「何事も当たり前と思うな」ということにも通じる。

痛みのないことを当たり前のことと思うか、有り難いことと思うかである。

痛みのないのが当たり前のことと思えば、痛みは辛い。勿論痛みは誰にとっても辛い。痛みばかりではない。しびれだって何だって、体の不調は誰にとっても辛い。

しかしどのくらい辛いかは客観的な痛みだけが影響するわけではない。

紙面の都合で書けないが、ハーバード大学の麻酔科の教授のビーチャーの研究で、傷の深さは同じでも、その人の感じる痛みは違う。


健康なのに、健康の有難さを感謝していない人は、無意識の領域で「自分は特別な権利がある」と思っている人である。

この意識を捨てれば、自分の今の幸せに気がつく。自分は別に「幸せになれる特別な資格はない」と思えれば、今の幸せに気がつく。

無意識の領域で「自分は特別な権利がある」と思っている人は、仕事があっても、友達がいても、財産があっても、家族がいても、恋人がいても、それに意味や幸せを感じていない。

それらのことに慣れて当たり前と思っている。

健康や孝行息子を当たり前と思っている。全てを持って不幸な人もいれば、何もなくて心の安らかな人もいる。


今、私は何に囚《とら》われているのか?

なりたかったけれどなれなかった職業か、すでに別れた恋人か、皆の前で自分を侮《ぶ》辱《じょく》した「あの人」か、誉《ほ》めてもらいたかった人に失望された日のことか、親の期待に添えなかったことにまだこだわっているのか、考えていけば数かぎりないほどのことが考えられる。

その囚われから解放されれば、今の自分の幸せに気がつく。

その囚われに脳が占拠されていれば、今の自分の幸せに気がつかない。それは薬物依存症と同じである。

今の自分の幸せに気がつかない人は、脳がドラッグに占拠されているのではなく、その「何か」に脳が占拠されているのである。

苦しみの原因を受け入れるから、幸せになれる。不幸を受け入れるから幸せになれる。

集団自殺をしていったヘブンズ・ゲイトのように恐怖感に怯《おび》えながら「私は世界一幸せである」と言い張った人たちもいる。偽りのプライドから正直に自分の気持ちを認めない。

自分の不幸を否定するから、自分の幸せに気がつかない人もいる。いつまでも不幸になる。

世界一幸せになろうとするほど欲張りだから、不幸を抜けられない。

そういう人はロロ・メイのいう「自己の内なる力」を感じることで、世界一幸せになろうとはしない。


今の自分の苦悩の原因を突き止めていけば、自分の幸せに気がつく。

「なんか幸せでない、なんか私たち変だ」という苦悩の気持ちの原因を突き止めていけば、最後は自分の幸せに気がつく。

私が訳した『ブレイン・スタイル』という著作によると現実はあなたがつくる。脳内情報は外からの情報の何百倍という。

解剖学のデヴィット・フェルトン教授は犬を連れて通りを歩く。そして歩いている犬を見た人の反応を調べた。通りを歩いている人の反応は違うと。

犬に噛まれた人がいる。アドレナリンが出る、交感神経が最高に活性化する。心拍数が上がる、瞳孔《どうこう》が開く、気管支が拡大する。（註4）

違いは「外からの刺激」にはない。犬に対する「その人の過去の経験」が問題である。

人は、刺激に対してその人だけの個人的な仕方で反応する。

怖いのは犬ではなく、問題は、怖がっている自分であると気がつくことである。

幸せを感じない原因は対象にはない。自分のパーソナリティーにある。

自分の心が、ある問題に奪われたと認識したら、自分の現実認知は歪んでいると思って間違いない。

1％の問題を90％だと思っている。顕微鏡で悩みを拡大して見ている。

ヘロインで恍惚《こうこつ》としているのではなく、悩みで恍惚としているのである。（註5）

そして90％の幸せを見失っている。

一般には前頭前野のある大脳新皮質と扁桃核のある大脳辺縁系は知性と感情でバランスを取るが、この悩みについては相乗効果を発揮してしまうとハロエルは言う。危険を感じ取った扁桃核と前頭葉との間で信号のやりとりが続いて悩みは膨れ続ける。不安も膨れ続ける。

脳を調べてみると、悩んでいる人は脳の cingulate cortex という部分が活動しすぎている。

「毒による恍惚状態」とハロエルは言う。

無名兵士の言葉は、毒を消してくれる。

ハロウエルが言うとおり悩んでいる人は眉間《みけん》にしわを寄せ、空を見つめている。眼の焦点が定まらない。悩みにとらわれて、周囲に気がついていない。「なぜなら悩みが彼の脳を捕らえているからである」(註6)。

ではどうするか。

悩みが脳を捕らえているのだから、それを解き放たなければならない。

「お前一人が悩んでいるんじゃないんだよ、みんな問題を抱えて生きているんだよ」

等と言っても、悩んでいる人は耳を貸してくれない。

また自分が悩んでいる時に、自分にそう言い聞かせても悩みは消えない。悩みが脳を捕らえているとは、脳がその様なホルモンで満たされているということである。それは先にも述べたように「毒による恍惚状態(註7)」なのである。

何かに深刻に悩んだ時、「今私の脳は毒に犯されている」だけだと自分に言い聞かせた方が良い。

苦悩を突き詰めていないから、夕陽もそよ風も幸せを与えない。今味わっているもので満足できない。そこで「もっと、もっと」味わおうとする。

自己喪失しているから、やることなすことを人に見せるのである。人に見せて、誉めてもらってはじめてそれをした意味がある。自分のしたことで幸せを感じることができない。

自分の今の苦しみの原因を突き詰めていけば、自分は、「本当の自分」に気がついていないということに気がつく。

本当の自分が分かれば、自分が本来いる場所も分かる。自分が本来いる場所にいれば、「毒による恍惚状態」から解放される。

そして自分の幸せを感じる。

さらに自分の居る場所に気がつけば、自分の可能性を実現する道も見えてくる。人とコミュニケーションできる。


自分が本来いる場所にいないで苦しんでいる人は、自分の包装紙に気を奪われていて、自分の内容に気がついていない。

「大きなことを成し遂げるための力」「幸せになろうとする富」、それらは皆包装紙でしかない。

包装紙に気を奪われて「毒による恍惚状態」に陥った人は、「今この瞬間を生きる能力を失っている」(註8)。

まだ毒を吐いていない人は、今この瞬間を楽しむことができない。今相手と一緒にいる時間を大切にしない。

心がふれあうことがない。心の拠《よ》り所がない。

しかし毒を吐いて、「自分の内なる力」と幸せに気がついた時に、「ああ、無名兵士の言葉の通りだな」と思うにちがいない。

そして自分こそは「求めたものは一つとして与えられなかったが、願いはすべて聞き届けられた。私はもっとも豊かに祝福された」のだと気がつくだろう。

註

1 Cahit Guven・Bent E. Sorensen, Subjective Well-Being: Keeping Up with the Perception of the Joneses, Springer Science+Business Media B.V. 2011, p.441

2 Daniel Nettle, Happiness, Oxford University Press, 2005, p.43

3 Alex J. Zautra, Emotions, Stress, and Health, Oxford University Press, Inc., 2003, p.129

4 『こころと治癒力』草思社、２９１頁

5 Edward M. Hallowell, Worry, Panteon Books, A Division Of Random House, Inc., New York Edward M. p60

6 Edward M. Hallowell, Worry, Panteon Books, A Division Of Random House, Inc., New York Edward M. p60

7 Edward M. Hallowell, Worry, Panteon Books, A Division Of Random House, Inc., New York Edward M. p60

8 Karen Horney, Neurosis and Human Growth, W.W.NORTON & COMPANY, 1950, p.35

はしがき

この本を書くきっかけは、平成十四（二〇〇二）年三月、『中日新聞』に掲載された小出宣昭編集局長による一本のコラムにある。

その中で紹介された百四十年前のアメリカ南北戦争の「無名兵士の言葉」は、読者にかつてないほどの反響を呼んだという。

私は「無名兵士の言葉」の中にある人間の英知と、それに共感する多くの人々がいたことに深い感動を覚え、この本の執筆を決意した。

人はよく好かれることを求めながら、実際には嫌われる言動をする。好かれたければ好かれるような行動をすればいいのに、わざわざ嫌われる行動をする。

好かれたいから自慢話をするのだが、その自慢話で嫌われる。

人は幸せになりたいと願いながら、実際には不幸になるように行動する。こういう人は、幸せになるために自分に何が必要かが分かっていない。

大きなことを成し遂げたい、偉大なことができるようになりたい、そして富を求め、成功を求める人がいる。

しかし、求めたものが与えられなくて、逆に病気になったり、弱かったり、失敗したりしても、謙遜を学べば、賢明になれば、得意にならなければ、「願いは叶《かな》う」と、この「無名兵士の言葉」は言う。

成功や富や健康の陰の部分を集めれば、夢は叶う。これらを集めたら、素晴らしい人間になれる。

陰の部分を集め、それを乗り越えれば、自分が望む人になれる。

病気になれば、やさしさが出る。謙遜が身につけば、人はついてくる。

貧乏になったときに、オニギリを半分にして二人で食べる。「これでいいよね……」と、お互いに思う。

今日生きていれば、明日につながる。

今日したことが明日につながる。

今日乗り越えれば、明日は「あー、よかった」と思う。

貧乏なときに、食パン一枚を半分にして相手にあげる。相手は「ありがとう」という気持ちになる。今度、こちらが困ったときには助けてくれる。

この「無名兵士の言葉」は、「お金持ちになったら幸せになれると思ったが、貧乏になったら幸せになった」ということである。

人は、お金が幸せを運んできてくれると思う。しかし、実は「謙遜で、賢ければ、幸せになれるよ」と、この「無名兵士の言葉」は言っている。

富はなくなるけれども、謙遜は身についたもの。謙遜はなくならない。

貧乏をしていても、信じられる人がいたら、人は幸せになれる。

五千万円を持って憎み合っているよりも、五千円を持っていつも貸し借りができれば、そちらの方が幸せになれる。五千円で貸し借りができれば、生きていかれる。食べて生きていかれれば、それでいい。

その日に食べられるお金があればいい。明日は分からない。

何よりも失敗で人の心が分かる。世界一の大富豪であった人が逮捕されたときに、「あいつは見舞いに来るだろう」と思っていた人が誰も見舞いに来なかったという。

巨万の富を持っていても「あいつにあれだけのことをしてあげた。それなのに……」と恨みを持ったら幸せではない。

億万長者になって病《やまい》に倒れた。でも誰も助けに来てくれない。

お金を出せば、その役目の人は来るけれども、夜の淋《さび》しさを癒《いや》してくれる人はいない。そういう人は富を得ても、何か間違えている。

人との信頼関係がいちばんの幸せをもたらす。人との信頼関係が夜の淋しさを癒してくれる。

だから、成功を求めて成功を得、富を求めて富を得る人は、この世の中に自分の居場所がない。自分のまわりに集まっている人は、甘い汁を吸おうとする質《たち》の悪い人ばかりだということが、彼には分かっていない。

世界一の大富豪であった人はすべてを失ったときに、おそらく得るものがあるにちがいない。見舞いに来ると思っていた人が見舞いに来なかったから、彼はそれに気づいたのではなかったか。彼は気づいてよかった。

だけどもし、世界一の大富豪であった人の側《そば》に誰か一人でも純粋な人がいれば、彼の人生は変わっていたかも知れない。

冠《かんむり》をかぶったミイラを、あなたはどう思うか？

名誉、権力、財産などは冠。冠は人間がかぶってはじめて輝く。

あなたは、生きるのがすごく辛くて、苦しくて、それでも名誉を与えられるのがいいのか。

それともちがう道があったと気がついて、自分が満足する道を行く生き方がいいのか？

心理的に病んでいながらビジネスの勝者になるよりも、心理的に健康で人生の勝者になろうとする努力が今の日本には大切である。

ビジネスや政治において失意のときは、視点を変えれば幸せになるチャンスでもある。

この「無名兵士の言葉」は、失意のときにどう対処するかを教えている。

第二次世界大戦後の日本は、世界でもっとも「金、金、金」の価値観が浸透した国になってしまった。そして世界でもっとも心理的に崩壊した。

人生の価値、生きていることの意味、お金を超えた崇高なるものへの信仰などが失われた。この百四十年前のアメリカ南北戦争の「無名兵士の言葉」が日本に「心」を呼《よ》び覚《さ》ますきっかけになってくれればと、心の底から願っている。

私たちはついついラクに生きることを求める。だから道を誤る。

生きることは苦労することと覚悟を決めて、一生懸命に生きれば、「無名兵士の言葉」の意味が分かる。

自分の幸せに気づく心理学　目次

第1章　悩みは解決できるものだ

第2章

どんなときも自分だけは自分を信じる

第3章　お金は幸せをつれてこない

第4章　たくさん失敗すると幸せになれる

第5章 小さなことにウキウキしよう

第6章 「今」に懸命になれば将来の不安は消える

装幀　西垂水敦・遠藤瞳（krran）

第1章

悩みは解決できるものだ

「大きなことを成し遂げるために
強さを求めたのに
謙遜を学ぶようにと弱さを授かった」

I asked God for strength,
that I might achieve
I was made weak,
that I might learn humbly to obey...

人には再生の力がある

よく人生の道しるべというが、
その道しるべとは？

道を開くとは？

悩んでいる人にそれを教えているのが、この「無名兵士の言葉」である。

「無名兵士の言葉」に書いてあるような気持ちで毎日を過ごすことができれば、きっと満足な人生をおくれる。

ニューヨーク大学の壁に掲げられた無名の詩は、「悩める人々へ」という題であったようだ。

「悩める人々」とは「朽ち落ちた葉」のようなものである。

朽ち落ちた葉、
それは、土の中で種を抱えている。
それは、新しい生命を生み出している。

人間には再生の力がある。
秋に葉が落ちるから、
春にまた新しい芽が出てくる。
春が来ると、過ぎ去った冬がちがって見える。

不運こそが幸運を呼ぶ

ある大銀行の荘厳な建物を見て、ふと思った。

銀行の建物には朝と晩の顔がないけれども、一本の木には朝と晩の顔がある。お金の力にまかせ、どんなに立派な建物を建てても一本の木にはかなわない。

そのとき、銀行で偉くなることと木を見て暮らすこととでは、どちらが心豊かな生き方なのだろうと思ってしまった。

おそらく多くの人は、幸せになるためには富とか大きな成功は必要ないと小さい頃から教えられている。そして多くの人は幸せになりたいと思っている。

それにもかかわらず多くの人は富を求め、成功を願う。そこではじめに「なぜそうなるのか？」ということに触れた。

それは自己栄光化や名声追求の裏に潜む危険な心理である。

私たちは成功したときに、「これで大丈夫」と思うかも知れない。富を貯めたときに、その富は確実なものだと思うかも知れない。力を得たときに、自分が弱い立場になることは考えない。

しかし、私たちの身のまわりに起きることは、いつどんなときに、どう変化するか分からない。確実なものと思った富や成功を突然失うこともある。

バブル経済のときに、今の土地の下落を誰が想像したであろう。すごい財産を持ったと思っていたら、気がつくとすごい借金を抱えていたという人が多い。

有名企業に就職して嬉しいと思ったとき、十年後には自分がうつ病になるということを誰が想像するだろう。

そのとき嬉しいと思ったことが、後から考えるととんでもない結果になることもある。

そのとき悪いと思ったことが、後から考えると思いもかけない幸せをもたらすこともある。

「人間万事塞翁が馬」とはよく言ったものである。

この格言を学んだのは高等学校の漢文の授業であった。そのときには「そんなものかな」と思っただけであるが、六十歳を過ぎて思うのは、「本当に、まさに人生はその通りだな」ということである。

幸運が不運につながり、不運が幸運を呼ぶこともある。社会的成功とか富が必ずしも最終的に幸せに結びついているわけではない。

しかし、それはあくまでも富とか成功とか力とかいう「形」の世界での話である。「心」の世界で考えれば、必ずしもそうではない。「心」の世界で考えれば、やはり確実なものがある。それを教えているのが「無名兵士の言葉」である。

人に笑われてもいい人生

千載一遇のチャンスが目の前で露《つゆ》と消える、それが人生。

その無念さを心の中でかみしめる。

それが生きるということ。

「まさか、こんなことになろうとは！」と呆然《ぼうぜん》とする。

それが生きるということ。

しかし、その無念さの感情があなたの人生に意味と価値を授ける。

若くて神経症的だったころ、私は生きる方法を知らなかった。「真の人生とは、どういう人生か」と真剣に考えた。中央アジアの草原まで、インドの奥地まで、雪のアルプスまで、それを探し求めて旅をした。

そして成長して気がついた。真の人生とは、「自分の人生を他人が見て笑ってもいいや」と自分が思える人生だということに。

そして、実はそういう人生を人は笑わない。

真の人生とは、今のあなたの人生。

一生懸命したことがたくさんあるのが真の人生。

日々の生活のなかで、繰り返し実行することが真実。

積み重ねていくことが真の人生。

「やり遂げた、耐え抜いた」という喜びがあるのが真の人生。

この「無名兵士の言葉」は、私たちに真の人生とはどのような人生かを教えてくれる。

得意にならない心のあり方

今、自分は何で悩み苦しんでいるのか？

自分は何で満足できないのか？

幸せになるために求めているものが何かちがうのではないか？

今とはちがったことに努力すれば、幸せは手に入るかも知れない。

そのことを、この「無名兵士の言葉」は教えてくれる。

人は、時に「なぜ、自分の人生はこんなに苦しいのだ」と考える。

そして苦しいのは、成功や富や力を求めて「どこにも自分の心の居場所を築いていないから」と気づく。


幸せは富とか力とか見えるものではなく、見えない心のあり方にあることを、この「無名兵士の言葉」は教えてくれる。

富とか、力とか、健康とか、成功とかいう「形」で幸せを求めると、幸せは思いがけないことで逃げて行く。

そのことをこの「無名兵士の言葉」は言っているのではないか。

どんなにお金があっても、お金は突然なくなるもの。

どんなに権力があっても、権力は突然失うもの。

そして、どんなに権力があっても、それだけでは幸せにはなれないということをアルコール依存症の大政治家が教えてくれる。

アルコール依存症は政治家の職業病だと政治学者のラスエルは言う。時に最高の権力者がアルコール依存症であるということは、富とか、力とか、成功とかいう「形」に重きをおいて生きていると、いつも心の底は不安だということである。

そしてその不安をしずめるために、さらに「形」に執着する。地雷にしがみついているのを知らないで、「形」が壊れかけていてもそれにしがみつく。すでに腐っていても、それにしがみつく。

富とか、力とか、健康とか、成功とかいう「形」は表面的には人を安心させる。それが見えることで満足する。

しかし、この「無名兵士の言葉」は、大事なことはこうした「形」を追い求めるのではなく、謙遜を学ぶこと、より良きことをすること、賢明であること、得意にならないことという心のあり方を教えてくれる。

そうすれば、結果として「願いはすべて聞き届けられた。（中略）私はもっとも豊かに祝福されたのだ」という落ち着いた気持ちになる。この「無名兵士の言葉」は、そう教えているのである。

悩んでいるのはまともな証拠

お金が欲しい、成功が欲しい、名誉が欲しい。でも、それが与えられなかった。「が、願いは叶《かな》った」と、この「無名兵士」は言う。

これらが意味がないということを、彼はどこかで教えられた。

成功して得意になっていても、「えー？　うそー」というようなことがある。そして思いもかけないことで、成功は露と消えてしまう。

長い人生には「まさか、まさか、まさか、そんなことが」と自分の耳を疑うことがある。しかし、その情報は本当で、思いもかけず失脚することがある。

人は生まれた以上、だれもが悩む。人間が感情を持って生きているかぎり、だれもが悩む。悩んでいる人は、自分は正常だと思っていい。

人間について深い洞察をするならば、人間という存在は生きていること自体で何かが起きるようにできていると分かる。

苦しみ悩むことは「生きている証《あか》し」でもある。それは生きている意味でもあり、価値でもある。

苦しみ悩むことのない人生は意味のない人生であり、虚《むな》しい人生である。

「苦しみや悩みは、心のありようで必ず解決できる」と、この「無名兵士の言葉」は教えている。

人間はその解決の能力を持っている。

そのためには苦しむことを恐れない。苦しむことは貴《たつと》いことだと認める。

心の底では羨《うらや》ましいのに「あんな生き方はしたくない」などと、『イソップ物語』の葡萄《ぶどう》を取りたい狐《きつね》のような生き方はしない。苦しむことをごまかさない。

正面から苦しみ悩めば、自分の人生に意味と価値を感じられる。それが前を向いて歩いていくということである。

生きていれば必ず良いことがある

「真の運命を率直に受けとって苦悩する人」（フランクル）は、生きていれば必ず良いことがある。愛する能力を持って、前に進める。

真の運命を率直に受けとって苦悩しない人は、自己不在になる。気が重くなる。

「不幸を受け入れ、率直に苦悩」しなければ、結局はいつまでたっても悶々《もんもん》とした虚しい毎日をおくらなければならない。

もし今、あなたが「私には悩みがない」と思っているなら、あなたはもう一度、今の生き方を考え直す必要がある。

あなたはすでに断崖絶壁のところに来ている。

「私には悩みがない」などと言っている人は、崖《がけ》のある急カーブでハンドルが利《き》かない車に乗っているようなものである。

得意になっているが、「じゃー皆さん、死にますから」と言っているようなものである。

普通は「そんな人生はイヤだ」となる。

人は、どんなにお金を持って得意になっていたって、心の底では自分の人生に意味や価値を求めているのだから。

先にも書いたように大変な権力を持った最高の地位にある人がアルコール依存症だ

という噂を聞くような時代である。

社会的には大成功をしているが、自分自身に絶望しているのであろう。

今の日本は、「成功と絶望が両立する」という名著『夜と霧』の著者で精神科医のフランクルの言葉をもう一度かみしめる時代なのではなかろうか。

しかし、この「無名兵士の言葉」は「失敗と充足が両立する」というフランクルの言葉が正しいということを教えている。

高度経済成長のときには、世界を股《また》にかけて働ける人間の教育も必要だったかもしれない。

でも、今の日本は足元が崩れてしまっている。世界を股にかけて働ける人間の教育よりも、心のあり方を考える教育が必要な時代である。

つまり、フランクルの言う「成功と失敗」の軸ではなく、「充足と絶望」の軸で考える人間を教育することである。

はったりは苦しい。世界の中で、はったりは長く続かない。今の日本は、もうそろそろ、はったりで生きることをやめる時期に来ている。

無理をしないで歩いていこう。

オニギリ一つの幸せ

「オニギリ一つで幸せだ」という人生が良い。

力を求めるのではなく、富を求めるのではなく、成功を求めるのではなく、オニギリ一つで幸せな人生を求めたい。

自らの人生の意味と価値を信じられなければ、オニギリ一つで幸せにはなれない。

しかし、自分を信じられなくても富と力は獲得できる。

美味《おい》しいオニギリをつくるために、美味しいお米がどこのお店で買えるかを知っておくのは、株で儲《もう》けることを知っているよりも、今の日本には大切なこと。

そして午後には、「美味しいお茶を飲んで……」と幸せになる。そうして生きていく。

アフタヌーンティーなどと、しゃれた人生はいらない。

会社をリストラされたとき、「この会社はもういい」と自分の心の中で、その会社を断ち切る。

そして、そのリストラに苦悩すること、これが「人間が生きる」ということである。

弘法大師も苦しんだ、ニーチェも苦しんだ、ロマン・ローランも苦しんだ、トルストイも苦しんだ。


まがいものの光。それはメッキ。

それは苦悩した体験のない人の光。

苦悩するときが竹の節目。

さらに上に伸びるか、これで死ぬか。

あなたはメッキか、本物か。

自分の中が空洞の人は、自分を信じられない。

自分の心を深く耕すコツ

「苦悩の意味が労働の意味や愛情の意味より次元的に上位にある」（『精神医学的人間

像　フランクル著作集6』宮本忠雄・小田晋訳、みすず書房、59頁）

リストラにあうことも、子育てに悩むことも、失敗の屈辱《くつじょく》に苦しむことも、失恋も、何もかも、それらに苦悩することで人は大きくなる。

こうした苦しみを経験しながら人は成長する。苦悩することで心は深くなる。

悔《くや》しいという感情、悲しいという感情、それらは嬉しいという感情や喜びの感情と同じように、人が成長するためには必要なものなのである。

苦しいときには、この苦しさが自分の心を深く耕《たがや》しているのだと思わなければならない。

自分をもう一回り大きくするために神が与えた試練であると受けとめるのである。

エリートコース一直線などというのは、所詮《しょせん》は幅の狭い人間をつくる過程でしかない。

「残念だ、無念だ」、そう歯ぎしりすることがなくて、どうして人の心が豊かになるだろう。

「何でこうなってしまうのだ」と無念の気持ちに立ち上がれなくなる。その「気を失いそうになるほどの無念の気持ち」を心の中で乗り越えて、はじめて人の心は豊かになる。

心の世界での波瀾万丈《はらんばんじょう》が、より深く生きている証しである。
成功につぐ成功などというのは、陰のない生き方。
光が四方から来ると影がない。
それは足跡と影のない生き方。
それは栄光の中でただ流されて生きたというだけのことである。
死ぬときに自分の人生を振り返ったら、そこに歩いてきた足跡がない。
生きている証しがない。
生きている意味がない。
生きている価値がない。
苦悩しているあなたの人生が波瀾万丈。
それがあなたの人生に意味と価値を授ける。
上手く立ち回って富を獲得した人の人生などは波瀾万丈ではない。
社会的には成功しても、自らに絶望して死んでいくにちがいない。

成功しつつ自らに絶望している人は、
脱皮する力がない。

裸になるのが怖い。

成功はあなたを救わないが、信念はあなたを救う

人は、時に「人生でこんなに苦しいことはありません」と言いたくなるようなことがある。

本当に辛いし、苦しいときがある。毎日が地獄のように感じるときがある。
綿《わた》のように疲れているのに夜には眠れないときがある。
これが生きる現実である。

しかし、苦しいときには、「今、自分は変化をしている」と思うこと。「率直に苦悩」していれば、この世は所詮は無だと思えることがある。
無だと思えば、心も軽くなる。

リストラされた会社から「私は脱皮する」。
人は悩み苦しむことで美しくなる。
木の葉のように流されるのと脱皮の苦しみとはちがう。

皆にひきちぎられて、うずくまっているあなたは今、脱皮している。
この「無名兵士の言葉」を読んで、自分を信じるのだ。
成功はあなたを救わないが、信念はあなたを救う。
「やっていれば、必ず道は開かれる」。そのことがこの「無名兵士の言葉」を読めば
必ず分かってくる。
今日を生きよう。

第2章

どんなときも自分だけは自分を信じる

「偉大なことができるようにと
健康を求めたのに
より良きことをするようにと
病気を賜った」

I asked for health,
that I might do greater things
I was given infirmity,
that I might do better things...

苦しみさえもプラスにする人

偉大なことができるように健康に注意をするという人は分かるが、偉大なことができるように健康を求める人は、まず働きすぎて健康を害する。

ここで「偉大なことができる」という偉大の意味は、欲望を満足させるための偉大なことという意味であろう。

「偉大なことができるように健康を求める」ということは、日本のビジネスパーソンで言い換えれば、「会社で出世ができるように健康を求める」ということになろう。

「偉大なことができるように健康を求める」人は、はじめは健康であってもたいてい頑張りすぎて体を壊す。これは見返したいという気持ちで頑張るからである。

頑張ることの動機が憎しみである。それが燃え尽きた人の心理である。

「偉大なことができるように健康を求めたのに、より良きことをするようにと病気を賜った」というのは、おそらく病気になることで、神経症的自尊心の虚《むな》しさを感じ、家族や友人などとの生活も大切だということを知るということではないだろうか。

病気になれば、偉大なことができるようにと健康を求めない。ただ、健康のありがたさを知る。

病気になれば誰でも苦しむ。その苦しみをプラスにする人もいれば、マイナスにする人もいる。

その苦しみをプラスにする人は、病気になることできれいな心を育てる。マイナスにする人は、健康な人への妬《ねた》みの心を育てる。

幸せになった人は「病気で苦しんだけれども、今、振り返ってみると本当に良い経験をした。あの病気の苦しみがなければ、今の幸せはない」となる。

それは病気で、今まで見えなかったものが見えてきたからである。病気で「何かが見えるということはすごいこと」である。病気をして見えないものが見えるということは偉大なことである。

人はこうして幸せを築きあげていく。

だれもが健康でありたいと思う。病気にはなりたくない。誰もが病気の苦しさから逃げたいと思う。

しかし、病気で得るものがある。

受けとめ方で価値は変わる

病気になった以上、その苦しみを受けとめて耐える人もいる。逃げて自暴自棄《じぼうじき》になったり憂鬱《ゆううつ》になる人もいる。

両者は病気に対する構えがちがう。

「患者から見て重要なのは、病気に対する構え、病気に対決する態度です」（『精神医学的人間像　フランクル著作集６』宮本忠雄・小田晋訳、みすず書房、58頁）

病気を受けとめて耐える人と逃げたい人とでは、その後の人生の価値と意味が違ってくる。前者は自己充足し、後者は絶望する。

つまり、苦悩から逃げて刹那《せつな》的な生き方を選んでしまう人は、自分の人生の価値と意味をそこで捨てている。

「病気になってしまった以上、今さら何を考えてもしかたがない」と忍耐をしないと、それは自分の人生の価値と意味を捨てていることになる。

フランクルは「苦悩が人間に提供する意味」（前掲書、59頁）が至高のものであると述べている。

その立場からすれば、病気の苦悩に耐えることは人間の最高の価値である。自らの運命に耐えることは、何かの行為をすること以上の価値がある。人間は苦悩するときに、自らの内面を探究する。そしてやさしい人になる。人に安心感を与える人間になる。

逆に成功し得意になっている人間は、人に安心感を与えない。

「忍耐、少なくとも真の運命の正しい正当な苦悩という意味での忍耐は、それ自体ひとつの行為である――いや、それ以上のものです」（前掲書、59頁）

これが「偉大なことができるようにと健康を求めたのに、より良きことをするようにと病気を賜った」という意味であろう。病気に耐えること自体が「より良き行為」なのである。

幸せにみちびく考え方

本当に自分の人生の価値と意味を我が手につかみ、幸せになりたいのなら、大いに苦悩し、そして耐えることである。

その苦悩が大きいほど、あなたの人生の価値と意味も大きくなる。

このような考え方は、「成功と失敗」の軸でしか生きることを考えない人にとっては「なにかバカらしいものとして思われることでしょう」（前掲書、60頁）

しかし、このような考え方をバカらしいとして退《しりぞ》けていると、本当の幸せも逃げていく。

結局、大きなことを成し遂げるために力を求め、偉大なことができるように健康を求め、幸せになろうと富を求め、世の人々の賞賛を得ようとして成功を求め、それが手に入らないと、憎しみを持ったり、落ち込んだり、世の中に背を向けるような生き方をしていると、人間が心の底で本当に求めている人生の価値や意味は一生手に入らない。

「成功と失敗」の軸でしか物事を考えないと、成功しても失敗しても、自らの人生に価値も意味も感じることなく生涯を終える。

しかし、力も、健康も、富も、成功も与えられなかったときに、自分の心を浄化《じょうか》し、謙虚になり、賢明であろうとするなら、願いはすべて叶《かな》う。

「どうしてこうも苦しまなければならないのか」と嘆く前に、その苦悩を自分の人生に価値と意味を与えてくれる機会と受けとめることが大切である。
おそらく、それが悟《さと》りを開くということであろう。
苦悩のない人生はないが、悟りはあなたを幸せの道にみちびいてくれる。

病の経験

私自身、病気には若いころから苦しんでいる。学生時代は蓄膿症で苦しんだ。受験期であっても蓄膿症では集中して勉強ができない。とにかく苦しくて勉強が続けられない。

原因は鼻の骨が曲がっているということだった。そこで手術をした。高校生のときであったが、今でもその手術の恐ろしさの記憶はある。

はじめは恐ろしくて眼を開けられなかったが、途中で少し眼を開けたら、何か顔に刃物のようなものが突き刺さって、それをお医者さんが金槌《かなづち》みたいなもので、コンコンと打っている。曲がった鼻の骨を削《けず》っていたのだろう。

ところが、それほど恐ろしい手術をしたからといって、私の鼻の骨がまっすぐになって蓄膿症やその他の鼻の病気が治ったわけではない。

私は最近、重症の睡眠時無呼吸症候群という診断をされた。睡眠時無呼吸症候群というのは、睡眠しているときに無呼吸になることが普通の人よりもはるかに多い。そのうえに睡眠の質が悪く、普通の人よりも長い時間寝ても疲れはとれない。

その重症の睡眠時無呼吸症候群のときには、寝ていても寝ていないし、起きていても起きていない。朝も夜もなにもなく、一日の区切りもない。朝が来ても朝ではない。起きると消耗しきっている。夜は眠れないから入眠剤に頼る。

大きな原因のひとつはやはり鼻の骨が曲がっていることである。十代半ばに手術をしても、人間の骨は二十歳くらいまでは成長するので、また曲がってしまうそうである。

しかし、もう一度手術をしようとある睡眠時無呼吸症候群の専門の医者に相談したら、リスクがあるからやめた方がいいと言われた。

前に向かって生きる

とにかく重傷の睡眠時無呼吸症候群のときには、本当に言葉で表現できない苦しみの毎日であった。

ただ前に向かっていくだけだった。「後悔しない生き方をする」と自分に言い聞かせながら。

今まで肉体的にいろいろと苦労していると思ったけれど、これまでの苦労は苦労ではなかったと思った。

「焦らずに、自分にできるだけのことをするしかない」というのが、この肉体的な苦しみに対する私の答えであった。

そう覚悟をすると、不思議なもので前が見えてくる。

フランクルの言葉を使えば、この病気に対して「率直に苦悩する」という体験をすれば、なんとなく自分が生まれ変われるような気がしてくる。

真の運命を率直に受けとって苦悩していると、本当に苦しくて辛いのだが、「地獄であろうとなんであろうと頑張ろう」という気持ちになってくる。

「一度きりの人生なんだから、もう先へ行くしかない」と思って頑張りだす。

病気になったときに、その運命を率直に受けとって苦悩していれば、「解決に向かっている」と思えて「頑張りたい」と思いだす。

病気だろうと何だろうと、すべてを背負い込んで「前に進む」。苦労の連続が生きるということ。それが嫌なら死ぬしかない。

ただ、「苦労は必ず花が咲く」。

それは、どんなに健康で成功をしていても、苦労をしていない人間のうすっぺらさを見たときに感じないだろうか。

「偉大なことができるようにと健康を求めたのに、より良きことをするようにと病気を賜った」と「無名兵士」は書いている。

彼は、「踏まれても踏まれても枯れないペンペン草のように強い草になりたい」と思ったのではないか。

ありのままの自分に満足する

『アンデルセン童話』の中に「ヒナギク」という話がある。

田舎の道端に一軒の別荘がある。庭には花が植えられている。そのそばの土手にはヒナギクが生《は》えている。

「ヒナギクは、草の中にいる自分なんかに、目をとめてくれる者はないだろうとか、自分が、貧しいつまらない花だとか、そんな不平らしいことは少しも考えたことがない。それどころか、いつも楽しく、暖かいお日さまをあおいでは、空でさえずってい

るヒバリの歌を、耳をすまして聞いていた」(『アンデルセン童話選 上』大畑末吉訳、岩波書店)

このヒナギクの心理が自己充足している状態である。

ヒナギクは我慢して不平を言わないのではない。我慢して不平を言わない人とちがって、ヒナギクは満足しているから不平を言わないのである。

ヒナギクは今の自分がいい。今、自分がここにいられるからヒバリの声を聞ける。そう考えている。

今、自分がここにいられることが幸せなのである。ヒバリの声が聞ける、「そう思う」ことで幸せになろうとしているのではない。

自分が今ここにいるヒナギクであることで幸せなのである。

ヒナギクは「大きなことも成し遂げていない、健康でもない、富もない、世の人々が賞賛するような成功もしていない」、まさに「何もできない自分」である。

しかし、その「何もできない自分」で自己充足している。人が幸せであるためには「何もできない自分」に対して、自分がどういう態度をとるかということが大切なのである。

その態度の中に、「最後の価値可能性が人間に与えられているのである」(『神経症フランクル著作集5』霜山徳爾訳、みすず書房、69頁)。

自己を受け入れたヒナギクの話

人は自分に与えられた運命にどのような態度をとるかということで、人生の価値を実現できる。それをフランクルは「態度価値」と呼んでいる。

ヒナギクのような人は、自分の人生に最高の価値と意味を与えている。ヒナギクこそ、「求めたものは一つとして与えられなかったが、願いはすべて聞き届けられた」と思っている人である。

ヒナギクは「私はもっとも豊かに祝福されたのだ」と感じている。

もちろん、フランクルの考えを正確に解釈すれば、ヒナギクは「暖かいお日さまをあおいでは、空でさえずっているヒバリの歌を、耳をすまして聞いて」いるのだから、「体験価値」をも実現している。

フランクルは価値を創造価値と体験価値と態度価値の三つに分けている。

「創造しつつ自己の存在価値を充足するホモ・ファーベル『はたらく人間』と、体験し、出会い、そして愛しつつ自己の人生を意味で充たすホモ・アマンスと、ホモ・パチエンス『苦悩する人間』とに分けられる」（『精神医学的人間像　フランクル著作集6』宮本忠雄・小田晋訳、みすず書房、59頁）と言う。

ヒナギクは「暖かいお日さまをあおいでは、空でさえずっているヒバリの歌を、耳をすまして聞」くことで、「自己の人生を意味で充たして」もいる。

ヒナギクが不満であれば、ヒバリの歌を聞いて楽しむということはできない。

ヒナギクだって自己蔑視《べっし》していれば、「暖かいお日さまをあおいでは」、自分の人生を恨み、「憂える人」になる可能性だってある。

「錦《にしき》（上等な服）を着て憂える人」がたくさんいる。

道端のヒナギクとちがって、別荘の木の柵の中の庭の咲いている花はどうだろうか。

「木の柵の中には、偉そうに、気どった花がたくさん咲いている。香りのすくない花ほど、つんとすましている。シャクヤクはバラの花よりも大きくなろうと、ふくれあがっている。しかし、花は大きければそれでいいというわけのものではない。チューリップは一番きれいな色をしている。自分でも、それをよく知っていたので、もっと人目につくようにと、ぐっとそり身になっていた。柵の外に咲いている小さいヒナギクなんかには、みんな見むきもしない」（『アンデルセン童話選 上』大畑末吉訳、岩

波書店）
この花が、自分を受け入れていない状態であろう。「大きなことを成し遂げるために力を与えて欲しいと求め」ている花である。

背伸びをやめればラクになる

それぞれ素晴らしい花であるけれど、皆この状態は辛い。チューリップもシャクヤクもバラも、皆この状態は辛い。背伸びして生きているから、生きることが苦しい。

この花の集団は満足していない。それぞれ皆、自分を人に見せている。

人から「ワー」っと言われたいために咲いている。

自分で自分の価値を感じられないから、自分の価値を周囲の皆に認めて欲しい。

ちょうど人間がたくさんのお金を持ったとき、「ワー、すごい」と言われるのが嬉しいのと同じである。

そうなると、もっとお金が欲しくなる。「ワー、すごい」と言われるたびにもっと辛くなる。

だから、この花たちは生きていることが辛いのである。「ワー、すごい」と言われると、その瞬間は気分がいいが、実はもっとその人は傷ついてしまっているのである。

その人はどんどん傷ついていってしまう。そしてやがて「あなたはすごい」と言われなければ、生きていかれなくなる。

皆に見てもらおうとすることがいかに生きることを辛くするのかということを、この花の集団は見事に表わしている。

このチューリップやシャクヤクやバラの集団こそ、先にも書いたとおり「大きなことを成し遂げるために力を求め、幸せになろうと富を求め、世の人々の賞賛を得ようとして成功を求め」ている花である。

そしてこの花たちは、人間で言えば成功しているが絶望している人たちである。成功しても達成感がない。

心が豊かな人に、人は集まる

きれいな鳥たちはチューリップやシャクヤクやバラを訪ねると、ヒナギクは思っている。

そして近くでこの花を見ることができるのをありがたいことだと、ヒナギクは思っている。

ところが、ヒバリはそのはなやかな花ではなく、ヒナギクのところに降りてくる。そしてヒナギクのために歌う。

人も同じである。疲れて癒しを求めているときには、有名な人や権力を持った人のところには行かない。

しかし、幸せになろうと富を求めている人たちは、そこを勘ちがいする。富と権力を得られれば、人は自分のところに来ると思っている。それはまちがいである。

ことに人を見返すために成功を求めるときには、成功しても周囲の人の反発を買う。

「見返してやる」というような気持ちから成功への努力をするときに、その人は孤独と不幸へと歩みはじめる。

人が最後に行くのは心豊かな人のところである。満足しているヒナギクのところである。

富と権力を持つ人のまわりに人が集まっても、富と権力がなくなれば人は去る。その人のところに来ているわけではないから。

「小鳥はヒナギクのまわりを踊りながら、歌いました。

やさしいヒナギクの花！

甘い、小さい花！

心に、こがね！

着物は　白銀！

そうすると本当に、ヒナギクの花の真ん中にある、黄いろい、ぽっちが、金のように輝いて、そのまわりの小さい花びらは銀色にきらめいた」（『アンデルセン童話選上』大畑末吉訳、岩波書店）

力一杯生きていることの美しさである。心底、自分が幸せだと体の隅々まで力が湧いてくる。

この力は復讐のための力とはちがう。

このヒナギクこそが力も富も成功もないが、「願いはすべて聞き届けられた」存在の象徴である。

このヒナギクこそ、「私はもっとも豊かに祝福されたのだ」と言える存在である。

自分を信じられる人は謙虚

ところがそれを見たチューリップは傷ついて、前よりもいっそうそっくりかえる。シャクヤクも傷ついいてふてくされる。

「世の人々の賞賛を得ようとして成功を求めた人」は成功しても、思ったほど賞賛が得られない。そこで傷つく。

すると、この傷ついたチューリップと同じように自分をさらにひけらかす。さらに大きな成功を求め、自分をひけらかす。

もともと優越することで悩みを解消しようとするような人は、周囲の人の反発を買う。

ミンクのコートを一千万円で買って、あまり寒くないときに着て見せびらかしているような人である。他人の反発を買うのは当たり前である。

このチューリップは自分を信じられないから高慢になる。

自分を信じられる人は謙虚になる。

自信がない人は他人の賞賛や賛美で自分の価値を感じようとする。自分を立派に見せようとするから、身《み》の丈《たけ》以上の成功に執着する。

チューリップもシャクヤクも機嫌が悪い。

そこに別荘に来ている一人の少女があらわれてチューリップを一本、また一本と切っていく。そのチューリップの最期を見て、ヒナギクは恐ろしいと思う。

お金があったら幸せという定義がまちがっているように、成功したら尊敬されるというのもまちがいなのである。

「私、今晩もシャンパン飲むの」と言わなくても、人から尊敬される。でも、そう言う人は、そう言わなければ尊敬されないと思っている。

認めて欲しいのに認めてくれないときに、人は「私、今晩もシャンパン飲むの」と自慢話をする。自慢話をすることでさらに嫌われる。

虚勢を張って反発を買っていることに、本人は気がついていない。

自分らしく生きてこそ、幸福になれる

それに対して自分を信じて、自分らしく生きられる人が「もっとも豊かに祝福される」のである。

アメリカの心理学者シーベリーは、小夜鳴き鳥《さよなどり》と白鳥の話を書いている。小夜鳴き鳥は美しい声で鳴く。白鳥は姿は美しいが、良い声で鳴かない。白鳥には白鳥の生が最高なのであり、小夜鳴き鳥には小夜鳴き鳥の生が最高なのである。

自分が白鳥なのに小夜鳴き鳥であることを期待されて小夜鳴き鳥になろうとして傷つく人もいれば、自分が白鳥で人も白鳥であることを期待しているのに、小夜鳴き鳥になろうとし、また小夜鳴き鳥と思ってもらおうとして、いつも世の中と格闘して不幸な人生をおくる人がある。

皆から慕《した》われる人というのは白鳥であって、白鳥の役割を演じようとしている人である。あるいは小夜鳴き鳥であって、小夜鳴き鳥の役割を演じようとしている人である。

皆から慕われない人というのは、白鳥であるのに小夜鳴き鳥の役割を演じようとする人であり、また、小夜鳴き鳥であるのに白鳥の役割を演じようとする人である。

その人が実際には白鳥であるか小夜鳴き鳥であるかということと、皆から慕われることは関係ない。

第3章

お金は幸せをつれてこない

「幸せになろうとして
富を求めたのに
賢明であるようにと
貧困を授かった」

I asked for riches,
that I might be happy
I was given poverty,
that I might be wise...

貧しさは不幸ではない

貧困そのものがいいと言っているのではなく、貧困を受け入れるということが必要だと、この「無名兵士の言葉」は言っているのであろう。
貧困を受け入れるとは、どういうことであろうか？

家は貧しかった。
いい布団は買えなかった。
せんべい布団。
でも、母がのりを張った
パリパリのシーツを敷いてくれた。
そこに寝る、
あー、母の香り。

鈴虫の鳴く声。

秋の夜長にうたたねをしていた。
風が吹いてきた。
まだ、しまっていない夏の布団を、
母がそっとかけてくれた。
あー、かけてくれているんだなーと感じながら、
深い眠りに落ちた。

こうして生きてこられなかった人が、
大人になって
富と名誉を求めて狂奔する。

こうして生きてこられなかった人が、
大人になって
優越感を感じることで安心しようとする。

（『やすらぎの法則』加藤諦三、大和書房）

困難に立ち向かうエネルギー

ある患者が某有名ホテルの料理長のつくったお粥《かゆ》を食べなかった。でも、母親のつくったお粥は食べた。

おそらく小さい頃、母親のつくってくれたものを再体験をしているのだろう。味の中に母親を感じているのだろう。

食事をして、「そうだ、これが亡くなったお母さんの味だ」と母親を思い出し、それが困難に立ち向かうエネルギーになる。

ほぐしてくれた魚を食べる子どもは、魚を食べると同時に母親と関わっている。美味《おい》しく食べる子どもはやすらぎの中で食べている。それが子どもの心をつくっていく。食べることで心が育っている。

さんまを食べるときに、母親が「骨をとってあげるわね」と言う。それから「骨は体にいいからね、やわらかく料理しましょうね」と言う。

小さい頃、そうして食事をしていれば、大人になって困難にぶつかったとき、母親を思い出す。

こうして生きることが、「幸せになろうとして富を求めたのに、賢明であるようにと貧困を授かった」ということである。

貧困であれば、それで良いというのではない。

「賢明であるようにと貧困を授かった」というのは、高級な離乳食を与えて、この子は成長しないと言っている母親を戒《いまし》めている言葉である。

外食は一週間で飽《あ》きる。母親のつくったものは何十年でも飽きない。

お金がない、ただそれだけのこと

ある子どもが学校で教わったコガネムシの歌を歌った。

「コガネムシは金持ちだ、金蔵《かねぐら》建てた蔵建てた」という歌である。

父親は、それを聞いて怒った。子どもを責めさいなんだ。父親は、お金がないことを責められたと思ったのであろう。

そうなると「金を持っている奴は俗物だ。汚れた世俗の人間だ」という批判になる。この父親は自分の辛さを乗り越えていない。子どもの歌で劣等感を刺激された。

「不幸を受け入れる」とは、「パパにはお金ないんだよ」と素直に言えることなのである。それが「賢明であるようにと貧困を授かった」という意味であろう。

この父親は自分だけが立派になりたいと思っている。周囲の人との和がない。

この父親はまわりの人も家族も嫌いなのである。この父親は挨拶をしないという。サルが挨拶をしない場合、サルはその仲間が嫌いである。そして自分がサルと分かっていない。

苦しいとき、自分一人で成功をめざすのではなく、生きる土台の上で「考える」ことである。生きる土台は共同体。一人勝ちは良くない。

賢明な人はお金にしばられない

お金で悩んでいる人は四十代で持っているお金と九十代で持っているお金が同じ価値だと思っている。

それは、お金そのものに価値を置いているからである。

本来、九十代はそんなにお金があっても使えないから、お金を持っていても虚《むな》しい。歳をとっていては、たとえ百億円あってもしょうがない。

それでも人が必要以上にお金を求めるのは、日常生活の虚しさを紛《まぎ》らわすためであろう。

実存的欲求不満の気晴らしがお金である。だから年商百億円の人も夜逃げをする。どんなにお金を得ても、それでは意味や価値を求める欲求が満足しない。だから、「もっと、もっと」となる。

お金持ちになれば、存在の欲求は充《み》たされる。しかし、生きがいとか、意味とか、価値に対する、いわゆる実存的欲求は充たされない。

幸せになろうとして富を求めること自体がまちがっている。自分の人生を価値あるものにしよう、意味あるものにしようと努力した結果、お金は得られるものであろう。

ショッピングは見て楽しむものである。それなのに大金持ちは、お店で「そこからそこまで」という買い方をする。

どう考えてもそれで楽しいとは思えない。お金で楽しみを失っている。

ある貧困な状況が、すべての場合に貧困ととらえてはならない。

食事に一万円使った人が、千円しか使えない状況では貧困という。

単に虚栄心から高級レストランで食事をしたいというときには、それは貧困であろう。

しかし、栄養ある料理をつくろうとしているときには、それは貧困ではない。

「生き方の哲学」を学べば貧困からも自由になれる

お金持ちになろうとしている人がバスに乗っていれば、それは貧困である。

楽しくてバスに乗っている人は、幸せである。

「こうして毎日バスに乗れる」と思っている人は、幸せである。

貧しさという言葉に内包されている感覚がおかしい。解釈がおかしい。ある事実を貧しいと解釈するから、おかしい。

貧乏という言葉にすでに解釈が入っている。

「幸せになろうとして富を求めたのに、賢明であるようにと貧困を授かった」というときの賢明とは、毎日を感謝していることである。

すると、すべての願いは叶《かな》って幸せになったというのが、この「無名兵士の言葉」であろう。

「賢明である」ということは、「自分らしくある」ということである。

賢明な生き方とは自分らしい生き方である。

自分らしい生き方をしている人は、お金があってもなくても毎日感謝をして生きている。

愚かな生き方とは、人に優越しようとする生き方である。


私たちはもう少し哲学を学ばなければならない。心地よくなることが目的の「生き方の哲学」である。

自分の世界をどう築くか。

「捨てること、諦めること」とは、どういうことか。

音の中に生きる喜びをどう見出すか。

遊びは知恵の宝庫。どう遊ぶのか?

社会との関わりをどうするか。他人とどう共存して生きるのか。

面白く生きるために、愉快に過ごすために、食の文化をどうするか。

一日をどう過ごすか。

歩く哲学とは何か。日本人に本当に散歩はあったか。哲学者は散歩の中で考えた。

そうした「生き方の哲学」を学ばなければならない。

賢く生きれば願いは叶う

毎日を賢く生きれば願いは叶う。

自分の人生に価値と意味を与えるという大きなビジョンを持てば、願いは叶う。

人間はエゴイストでもあるが、同時に自らの人生に意味を求める存在でもある。

エゴから、幸せになろうとして富を求めた。それは人間の性《さが》からすれば納得できる。

でもそれは所詮《しょせん》エゴの願い。虚栄心の強い人は、お金があれば幸せになれると思っている。

そして「お金」を追いかけているうちに、大事な「心」をなくしてしまう。それが多くの不幸な大富豪たちである。それが何とも淋《さび》しさを感じさせた。

エゴの願いに身を任せたら、人は幸せになれない。「こうなったら幸せになれる」と思っている自分の心そのものが問題なのである。

その自分の心はエゴに占領されている。

しかし、誰でも心の底には意味を求める欲求がある。この欲求を無視したら本当には幸せにはなれない。

この原稿を書いている時期に世界一の大富豪と言われた人が証券取引法違反容疑で逮捕された。

新聞やテレビの報道がどこまで正しいか知らないが、彼は自分の財産の管理に消耗し、財産の維持に腐心した。そして財産を減らさないようにとして法を犯していた。有価証券報告書の虚偽記載であるから、彼はその財産を持っている間中、つまり父親から受け継いでからずっと不安であったにちがいない。

彼はお金で自由を失った。いや、もともと大金を持ったために自由がなかった。お金ができてから不安のない日はなかったにちがいない。

その財産を守り続けているとき、「親の代から、これだけの年月をかけて貯めたお金だから」と思ったのかも知れない。

そして自らのホテルのスイートルームで逮捕された。

逮捕された世界一の大富豪の実弟が、「かわいそうに、彼は最後まで一人です」(『毎日新聞』二〇〇五年三月十一日朝刊)と述べている。

新聞の見出しは、大きく「兄は最後まで一人」であったが、記事の中の実弟の言葉は「兄」ではなく、「彼」であった。

もし、彼に「釘《くぎ》一本あっても幸せと思う心」があったら、彼の人生は大きく変わっていたであろう。

どんなにリゾート開発をしても、彼にはおそらく「これをやったという誇り」がなかったのだろう。「これだけ儲《もう》かった」しかない。

彼のエゴは満たされたかも知れないが、彼の「意味を求める欲求」は満たされていなかったにちがいない。

心が満たされていれば、お金に翻弄されない

フランクルの指摘を待つまでもなく、人間は皆、自分の生きていることに意味や価値を求める。

彼がお金に狂奔《きょうほん》したのは、自らの人生の空虚に対する不安があったからではなかったか。

彼は自分という存在の虚しさに直面するのが怖かったにちがいない。怖くて心の奥

底の声を聞こうとしない。そのために忙しくする。名誉が欲しい。

彼はいろいろな名誉職にも就《つ》いた。しかし、それは心の虚しさを埋めるための名誉ではなかったのか。

彼は世界一の大富豪で実業家というが、悪いことをしてお金を貯《た》めた銀座のママと同じである。

私は、この世界一の大富豪であった人は、誰かに騙《だま》されて財産を失った方が幸せではないかとさえ思った。騙されたら、恨みは残るけれども不安はない。

財産があれば、それを失う不安はある。彼の場合には有価証券報告書の虚偽記載がばれる不安がある。

不安よりも恨みの方がいい。

安易な人生が欲しくて、あらゆるものが手に入るようにと求めたら、欲を捨てなさいと言われ、無一文になった。

そして気楽な人生になった。すべての財産を失ったら、そのときには気楽になったと思えばいい。

しかし、彼は私たちとまったくちがった種類の人間ではない。まさに私たちそのものである気がする。

一九八〇年代、日本はバブル経済に湧《わ》いた。私たちはお金儲けに狂奔した。そのバブル時代で分かったことは、私たち日本人はみな心が満たされていないということであった。

心が満たされていれば、お金儲けに狂奔しない。

第二次世界大戦後、国全体が経済的繁栄を求めたが、同時に個人も経済的成功を求めて血迷ってしまった。

苦悩を受け入れ、自らの人生の価値と意味を求めるというもっとも大切なことを忘れてしまった。私たち日本人は自らの人生に誇りを失ってしまった。そして経済的に成功した人をひたすら尊敬した。経済的敗者は絶望し、無気力になった。

この原稿を書いている今でも、新聞記事の報道の価値観は同じである。マネーゲームの成功者を大きく報道する。まるで英雄である。しかも、このマネーゲームで成功をしている話題の人を若者の中には憧れている人が多いという。

この原稿を書きながら、今の日本がこれ以上おかしくならないようにと願うばかりである。

この「無名兵士の言葉」が、日本人が眼を覚ますきっかけになってくれればと、私は心の底から願っている。

汚れた豪邸より、床の磨かれた建て売り

バブル経済の時期、人々は経済的に失敗することを恐れた。そして経済的成功を収めることがもっとも大切であるかのごとき価値観に汚染されてしまった。あるテレビでお金持ちが自分の家を見せていた。なんと使っている石鹸が五〇万円であるらしい。

そして「何がいくら、何がいくら」と値段の話はかりである。

この人を見ていて、この人には「好きな家がない」のではないかという気がしてきた。そして「好きな家がない」ということは、「不幸なことだな」とつくづく感じた。

そして小さいころ歌った「埴生《はにゅう》の宿もわが宿」という歌を思い出した。たとえ豪邸でも、その豪邸はその人にとって我が宿ではないのである。

それは時間ではなく、お金でつくる家だからである。そこには十年かけて台所用品を揃えるような家の落ち着きがない。何もかもが一気にお金で揃えた家なのである。

猫が三〇〇万円のネックレス。

それで猫が好きなのか？　好きではない。

石鹼が五〇万円する家には家づくりの年月がない。自分たちで時間をかけて家をつくっていく喜びがない。億ションで床が汚れている家よりも、安い建て売りでも床が磨かれている家がいい。


また別の人は、大きな家を持っている金持ちであるが、トイレの近くで寝ている。高齢者だからトイレが近いのだろう。大きな家に住んでいても、トイレと小さな部屋しか使っていない。

しかも、不幸なのは「自分はこの家が好き」という感覚がないことである。

大きな家をつくる。そして人に見せるための家具を置く。そして年をとると、使いやすい家具がない。お茶碗も自分の食べやすいものがない。

すべて、人から「わー、すごい」と言われるための非日常的な豪華なものばかりである。

年をとっても、人から「わー、すごい」と言ってもらわなければ、気持ちが満たされない。生きていることが虚しいから。

家は、若いときには百坪あったら楽しい。しかし六十代なら三十坪でいい。八十歳になったら十坪で十分。

年齢にふさわしいところに縮小するのが幸せな人。

自分の家を見せたりする人、誇示したりする人は、たいてい不幸である。皆に見せなければならないときは不幸である。

お金がいくらあるという話、部屋がいくつあるという話、そういう話ばかりをする人は不幸である。

お金を人生の目的にしない

さらに別の人の話。シャンデリアの輝く家。しかし、その人も「シャンデリアの家が好きか?」と言われれば、好きそうでもない。

贅沢《ぜいたく》したら満足するというものではない。

不満だから、人は贅沢をする。不満だから、シャンデリアの豪邸を建てる。庭には名犬コリーがいるが、「犬が好きか?」と聞かれると、そうでもないような人である。

こういう人は洋服でも何でも、「気に入る」という感覚がないのだろう。

こうしてお金が人生の目的になった人がいる。

お金を持てば、世の中ではいろいろと受け入れられるだろうが、まわりに集まる人はお金目当ての人ばかり。集まる人も甘い汁を吸うのが目的だから。

こうした人々はすべての生活がお金を貯めるための生活になっている。

こういうお金持ちの人たちの家を見ていて分かることは、人に見せるハンカチがきれいでも、家の中の手ぬぐいが汚い。それはごみを捨てに行くのにおしゃれをするような主婦である。

第二次世界大戦後の日本は、これと同じことを国としてしていたのではないだろうか。日本の国全体がものすごくアンバランスである。

ビジネスパーソンがうつ病に苦しんでいるときに、お母さんが子育てノイローゼに苦しんでいるときに、お父さんがアルコール依存症やギャンブル依存症に苦しんでいるときに、子どもが虐待に苦しんでいるときに、若者がひきこもりやニートで苦しんでいるときに、政府は国連の常任理事国になろうとして頑張っている。

正気の沙汰ではない。

今の日本は、「成功と絶望が両立する」というフランクルの言葉をもう一度かみしめる必要があるのではなかろうか。

こういう人たちは、毎日お金を稼《かせ》ぎ、お金を貯めていたであろうが、心の中の借金を増やしていったのである。その行き着く先が深刻な実存的欲求不満である。

今の日本は経済的勝者も、経済的敗者も自分に絶望をしている。メンタルヘルス対策こそ国の急務なのに、それが理解されていない。

料理でもつくる順序が悪い人がいる。そして何をつくっているか分からない。何をしていいか分からないときには、動きが遅い。

コツコツ稼げるのが、いちばんんだ

お金がなくても、嫌いな人が側《そば》にいない方が幸せ。

ある人が「お金があるときには、どこかイライフしていた」と言っていた。それはお金のために嫌いな人にも我慢して迎合していなければならないからである。

そして「人間、食べられればいいんじゃないの。死んでしまえばそこでおしまいなんだから」と言ったときには、エネルギッシュな笑顔であった。

そして「今、働いてさえいれば、お金が入ってくる。昔とちがって損をしても落ち込まない。損をしても何かさわやかなんだよね」と言った。

「嫌いな人が側にいたときには、お金があっても不安だった」と言う。

どんとお金が入った人はたいてい不幸になる。

一気にお金が入ると、まわりに質《たち》の悪い人が集まる。そのときには、人間関係がどんどん悪くなる。

周囲の人は、その突然のお金持ちに心地よいことばかり言う。そうなると、つい「いい人だなー」と思ってしまう。

そして「慰めてもらおう」として騙《だま》される。心の傷は自分で癒《いや》さなければならない。

今、お金がなくても元気に働けて、その結果でお金が入ってくるときには、人はいきいきしている。コツコツ稼いだお金でないと、破滅に向かう。

ほどほどのお金でいい。人間なるようになるんだから。

土と共に生きている人間がいる。

嫌いな人と一緒に生きている人とはちがう。

給料の安いことは恥ではない。

正直に働いていないことが恥なのである。


伝統のある酒屋のオーナーが売り上げ減を嘆いていた。

彼は売り上げ減で不幸せと感じている。売り上げがあるということだけで幸せなのに。


それを感じることが彼にはできない。欲の皮が尖っ張っているから。

美人よりも、財産よりも、生きるエネルギーが大切である。

死を考えないで、「今日一日をどう生きるか」を考える。夜になると泣けてきてしかたなくても、気を張って生きていれば必ず良いことがある。

今日を生きようと思う気力があれば、富はいらない。

第4章

たくさん失敗すると幸せになれる

「世の人々の称賛を得ようと
成功を求めたのに
得意にならないようにと
失敗を授かった」

I asked for power,
that I might have the praise of men
I was given weakness,
that I might feel the need of God...

心のふれあいが充足をもたらす

アメリカと日本がまったくちがった国だということを理解しないで、「これからは成果主義だ」という。

アメリカ人と日本人がまったくちがった人間だということを理解しないで、日本経済はグローバル化についていかなければいけないという。日本も勝ち組と負け組に分かれるという。

世界に誇れる日本文化を壊してアメリカ式のビジネスをすることが、まるで先進的であるかのようなことがいわれている。

名馬にイノシシの生き方を力ずくで強《し》いて、名馬を殺そうとしている今の日本。

そうした中では、当然一方に無気力が広がり、他方で力や富や成功への願望が肥大化する。勝ち組も負け組も不幸になる。

肥大化というのはふれあいがなくて欲だけがあるときの状態。欲望以外のことが欠落しているのが欲望の肥大化である。

欲望の満足の中に人生のすべてを求めた。それが欲望の肥大化である。

そうして、こう生きたら人が立派と思うだろうという生き方になってしまう。

どんなに成功しても、心がふれあっていなければ人は幸せにはなれない。心のふれあいが人生の価値であり意味であり、人に充足をもたらす。

フランクルが「成功と絶望」は矛盾しないと言っているのは、成功したけれども人との心のふれあいを失っている人がいるという意味であろう。

名声を求めてしまう人の痛みに気づく

強迫的に名声を追求する人は、傷ついた孤独な人である。いつになっても人を好きになれない。傷つくのが怖くて、人を好きになれない。

孤独と虚《むな》しさは同じコインのオモテとウラである。

強迫的に名声を追求する人は、皆と一緒にラーメンを食べるのではいや。彼は有名料亭で料理が出たら、払うことを考えないで食べてしまうような人である。

心のふれあいを知らない人は、有名料亭で料理を食べているときには癒《いや》される。名誉とか権力という薬を心の傷口に塗って欲しいのである。心の傷が痛むから、そうせざるを得ないのである。

強迫的に名声を追求する行動は、心の傷が発する「痛みをとめてくれ」という叫びから出た行動である。現に心の傷が痛んでいる。

肉体的な傷は大きければ救急車が運んでくれる。救急車が信号を無視しても事故は起きない。心の傷も同じなのである。大きければ救急車で運んでもらわなければならない。しかし、心の傷は見えない。そこで救急車は来てくれない。

脅迫的に名声を追求する行動は、自分の車で信号を無視して行くようなものである。そこで事故が起きる。つまり現実の世界での挫折である。

人との関わりで悩みは消える

何年か前の話だが、私鉄の駅のホームから準急電車にある人が飛び込んだ。妻と二人の娘。

傍目《はため》には一家は何の過不足もない恵まれすぎる家庭。有名大卒・大手企業の社員、イギリスなどの海外駐在経験あり。エリート街道まっしぐら。

「あの方はどんな親しい友人にも、けっして打ち解けないところがありました」と当時の週刊誌の記事に友人の話が出ていた。

彼もまた人と心をふれあうことができなかったのだろう。

「エリート街道まっしぐら」でも、人と関われないと悩みが深くなる。関われる人は、関わることで悩みが消えていく。

人は失敗しても、心がふれあうことでエネルギーが生まれ、生きていかれる。

おそらく、このエリート街道まっしぐらの彼は「生きるのが辛い」と嘆く相手がいなかった。

普通の人は、親しい人に自分の失敗を嘆くことは、それほどイヤではない。相手によっては自慢話をするのと同じくらいである。どちらもふれあいである。

人は自分のしたことの足跡が欲しい。自慢話も、嘆いている失敗談も自分の足跡なのである。そして語り合う人がいないと、第三者が自分をどう思っているかが気になる。失敗した自分を他人がどう思っているかが気になる。

彼がもし失敗して途中で挫折しても、「昔は順調だったのにね」と一緒に語れる相手がいれば、彼の人生はちがったろう。

「なー、オレ失敗しちゃったんだ」と言いながら話す相手がいれば、生きる辛さに耐えられる。

自分の弱点を話さない人は、自分らしく生きていない。話せばエネルギーが出る。話さないから、ため込んで不安が高まる。

子どもは親との関わりができていれば、成績が悪いときでもそれについて話し合える。そして自信のある大人に成長していける。それはアメリカの社会学者ギルマルチンの調査でも分かっている。

子どもには成績の悪いことを話し合える居心地の良さがある。成績の悪いことを言える幸せがある。お母さん、お父さんとの心理的な関わりがない子どもには、成績が悪いことは辛い。

人と親しくなれないということに、人間のほとんどの重要な心理的な問題が隠されていると言っても過言ではない。

アメリカの離婚原因を調べると、女性も男性も第一原因としてあげるのはコミュニケーションの問題である。

手放して得る心の自由

人は本当の自信をつけることができないから、強迫的に力を求め、富を求める。そしていったん得たポストにしがみつく。そのポストが、たとえ地雷だとしてもしがみつく。そのポストでストレスからノイローゼになる人がいる。それでもポストを離さない。

それは、今書いたように「地雷にしがみついている」ようなものである。

ある女性の文化人である。「あなたは何を求めているのか?」と聞きたくなるように「上に、上に」と強迫的に名声を追求する。そして、している勉強が好きではないようである。

彼女は一時的にははなやかである。しかし、はなやかさの中で自分を見失う。はなやかさに捕まっている人は、いずれはなやかさがなくなる。テレビのワイドショーをおりる。そのときに老いが一気に来る。今までの人生のツケが来る。どうやって生きて良いか分からない。

エリートコースを歩む人、はなやかさを求める人は、たとえば、「どうしても」欲しいポストがある。

しかし、その「どうしても」欲しいポストにしがみつかないことが大切なのである。それが心の自由である。

人は「どうしても」欲しいものを手に入れられなくても生きていかれるし、逆にかけがえがないと思っているものを失っても、やがてそれなしでも生きていける。

その悲しみや絶望を乗り越えて人間の幅ができる。ただ、人とふれあえない人は、それを乗り越えることができない。

本当の自信をつける方法

これも数年前の話である。JR中央線の踏切で、有名大学の四年生が快速電車に飛び込んだ。その大学の学生寮に住んでいた。もっとも勉強した。学部内でも一、二を争う優秀な学生。抜群の成績、学内で伝統ある合唱団に属していた。「明るい青年」というのが同級生の一致した意見だった。完全無欠のエリート候補生だ。

この優秀な大学生にも会話があればよかった。「全優」をとる努力をするよりも、自分の周囲の人に関心を持つ努力をすればよかった。「全優」をとるための努力をする過程で自分が見えなくなった。

「完全無欠のエリート候補生」でも、相手と喜びや悲しみを共有する気持ちがなければ生きるのは辛い。強迫的に名声を追求する人は、語り合う人がいないために、人を意識した行動を続け、本当の自信をつける機会を失う。

彼のように頑張った行動を続けても、けっして自信は生まれてこない。そこが彼らの悲劇なのである。

人は大きなことをするから自信がつくわけではない。成功するから自信がつくわけではない。心の底で「本当は自分はこういうことをするべきなんだ」と感じていることを実行することで自信がつく。

認めたくないことを認めたときに、人は大きく伸びる。大きな自信を得る。

好きなこと、やりたいことをすると自信は育つ

自信のない人は、自分を信じられないし、自分を偽《いつわ》って生きている。本当の自分で生きていない。

自信のない人は、自分に「本当に好きなものがあるの？」と聞いてみることであ

る。

彼らはこの小さい山よりも、あの大きな山に登ることの方が自信がつくと思っている。

高い山に登ることが自信につながると思っている。だから、自信をつけることにおいて辛さが先に来る。

本当はこの山を登ったときの達成感、登ったときに味わった満足感が自信の芽となる。楽しいことがないと本当の自信はつかない。

極度の優越感や虚栄心は、その人が必死で自信を求めていることを表わしているものである。しかし、残念ながらそれはまちがった方法である。

本人は悩みを解決しようとしているが、逆に自分で悩みをつくっているようなものである。いかに頑張っても解決はしない。

なぜなら、精神分析学者のカレン・ホルナイが言う「人の上に自分を引き上げる衝動」に動かされているからである。

彼は自信を持とうと頑張って、人の上に自分を引き上げる衝動だけを発展させてしまう。しかし、人の上に自分を引き上げても、残念ながら自信はできない。

そもそも、なぜ人の上に自分を引き上げなければならないのか？

それには二つある。

一つは人の上に自分を引き上げることで、劣等感の苦しみを和《やわ》らげようとするからである。相手を低く見下《みさ》げることで、心の葛藤《かっとう》を解決しようとしている。

もう一つは自分の安全を守るためである。

カレン・ホルナイは、その安全を得るために自分の内面はどんどん重要でなくなると述べている。不安は、自分にとって何が大切なものかを忘れさせてしまう。

正しい自分の守り方

自分を守るためには、自分を受け入れればいい。成功しても心身共に病んだら、自分を守れない。

簡単に言うと、いつか死ぬのだから、今日一日を自分らしく生きる。不安で焦っている人は、その「自分らしく」が分からない。人に見せつけるような生き方さえしなければ、「自分らしく」とはどういうことか自然と分かってくる。

自分を見せつけなくてもいい人を自分のパートナーに選びなさい。虚勢を張って生きていると、自分は誰と付き合うことが適しているのかが分からなくなる。

自分らしく生きているから、「あー、この人と自分とは合わないな」とか、「あー、この人と自分は合うな」ということを感じられる。

ビジネスに振り回されてくると、つまり、自分のポストを維持することに腐心《ふしん》すると、誰と付き合うと得するかということばかりが優先してくる。誰と付き合うことが自分を守ることになるかばかり考える。

劣等感を持つと、誰と付き合えば自分の弱点が補えるか、表れないかばかりを考えるようになる。

利害が一致する人と、適性の合う人とは別である。

「自分は自分」と思える感覚を大切に

「自分らしく」とはどういうことか、分かるためには一緒にいて楽しい人を見つけることである。

服は人に見せつけなくてもいい服を選びなさい。自分の服を他人を意識しないで選べれば、「自分らしく」とか「自分は自分」ということが分かっていると言える。「自分は自分」と思えるのは、選択できているということである。それまでは他人との関わりで、生きている。

食べるものも自分で選択できる。それが「自分らしく」ということ。「梅干しを食べる。「自分が」梅干しを食べたい。そして良い梅干しを食べる。「自分が」梅干しを食べたいというときには、あくまでも良い梅干しを食べたいのであってこの梅干しで満足してはいない。

どんな小さなことでも、自分が楽しく思ったことを大切にすること。

私自身、小さい頃から自分が分からなくて、若い頃は人の言葉に翻弄《ほんろう》された。やがて「自分らしく」ということが分かってきた。そして「自分は自分」と思えるようになった。

「自分は自分、他人は他人」と言葉では知っていても、本当にそう感じたときには驚きであった。「そうか、こういう気持ちを『自分は自分、他人は他人』というのか」と、心底驚いた。

自分は自分と思える感覚。それは人と自分を比較しない。心の中で「比較してはいけない」と自分に言い聞かせるのではなく、比較できない存在として自分の価値を感じる。

自分の失敗話が人を励ます

そこには優越感も劣等感もない。妬《ねた》みもさげすみもない。「自分は自分」と思えるようになって、人が集まって来る。

どこに行っても「ここに来れただけで幸せだな」と思えるようになった。

「自分の夢は少しずつ実現していこう」と思えるようになる。順序に従う。

「自分は自分」と思える。

おそらくそのとき、あなたは人生の頂上に達している。

一日食べるものがあれば生きていける。

今日を自分らしく生きれば明日へと続く。

自分らしく生きれば人生の最期は幸せになる。

苦しむことを恐れ、現実から逃げていると、自分らしく生きることがどのようなことか分からなくなる。

やさしい人は、人に夢を与える人。

夢を与える人は、失敗を話す人。

こうして失敗を乗り越えたという話のできる人。

「いつもお墓参りをしていたんだよね、お墓参りをしていると、困ったときに知恵が出るんだよね」という類《たぐい》の話ができる人。

「こうしてお金持ちになった」という話は、夢を与える話とはちがう。運があるから。

「こうなったら幸せになれた」とは、心を変えられる人が幸せになれるという意味。

自分らしく生きていれば、人の悪口を言わずにすむ

同じ人間関係でも、楽しい話をしている関係もあれば、悪口ばかり言っている関係もある。

自分らしく生きていないときには悪口ばかりを言っている。人は面白いことをしているときには悪口を言っていない。満足しているときには悪口を言わない。

悪口はそのときは気が晴れるけれども、実は消耗《しょうもう》している。悪口はそのときはスッキリするけれども、悪口を言えば言うほど、疑心暗鬼《ぎしんあんき》になってくる。

悪口は自分を人の上に引き上げてくれる。でも、あとで虚《むな》しい。悪口は自分らしく生きていない人が言う。

人の評価にこだわりすぎない

偉大なことができるように健康を求め、幸せになろうと富を求め、世の人々の賞賛を得ようとして成功を求める人たちは、一言で言えば心が傷ついている。

そして、その心の傷を癒そうと自己栄光化を求めて焦っているのである。そうした人々は、自分の人生に対する無意味感に苦しんでいる。

心が傷ついているトンボは、トンボの仲間と話すときには、「トンボなんか」とトンボをバカにする。

そしてテントウムシと話すときには、「トンボでなければダメだ」と言う。「テントウムシなんか価値がない」と言う。

神経症的自尊心をもとにした自己栄光化は、彼らにとって心の葛藤を解決する手段なのである。だから、失敗が恐ろしい。

「失敗したらどうしよう」と恐れるのは、成功によって心の葛藤を解決しようとしているからである。また、人の評価にこだわるのも同じ理由である。自分は「こうであるべき」なのは、それが心の葛藤を解決するからである。

したがって「こうありたい」という目標ではなく、「こうなければならない」ということになってしまう。

小さな達成感と満足感を積み重ねる

自己栄光化に強迫的に努力をする人は、成功の意味をまちがえている。彼らにとって成功は達成感という意味ではない。

ある老人が「昨日、日比谷公園で松葉ヅエをついて歩いた。気持ちよかった」と言う。彼にとって、それは成功ではない。

ヒマラヤに登った。彼にとって、それが成功なのである。

だから、努力するのだけれども、いつまで経《た》っても幸せになれない。彼らは心の糸を紡《つむ》がない。小さな達成感、満足感を積み重ねることが、心の糸を紡ぐことである。

この心の糸を紡いでいないと、人は人生に意味を感じなくなる。自分の人生の価値を感じられなくなる。心の糸を紡いでいない人は、自分がしていることが好きではない。

達成感とか充足感を味わうためには、今日やるべきことをやる。「これをつくったら、皆が驚く」と思ってやる品種改良と、「こういう品種をつくりたい」という欲求からやる品種改良はちがう。

前者は飽《あ》きが来る。でも、それが自己栄光化に役に立つ。それをしないと心の葛藤を解決できない。

「なぜ？」

彼らは自分は守られていないと感じているからである。チヤホヤされると守られるとは意味がちがう。

それが分からないから、ウソでもいいから誉《ほ》められたい。

自己栄光化の努力は、憎しみが動機である。そして自分が憎しみを持っているから、人も憎しみを持っているだろうと思う。

自分が偉い人には迎合するから、人も同じように迎合すると思う。偉くなったり、人を見返しても、実は自分は守られていない。

小さい頃、屈辱感を味わって強迫的に栄光追求をしている人には自分を守る方法が分からない。強迫的に栄光追求して自分を守ろうとする行為によってこそ、人は前向きに生きるエネルギーを失う。前向きに生きる力を失う。

他人を守ろうとすることによってこそ生きる力が出る。その生きる力が結果として自分を守る。

強い人はやさしい人

パーティーは嫌いだけれども、人を呼びたい。

それは人からチヤホヤされたいから。

自己栄光化は弱さの象徴である。人が力を求めるのは弱さからである。内面の力を感じられない人が、つまり心に借金がある人が、その代償として強迫的に社会的力を求める。

カレン・ホルナイは、人が力を求めるのは弱さからであると言っている。が、また人が力を求めるのは憎しみからでもあると、私は思っている。

フロムは、死を愛好するものは必然的に力を愛好すると言う（『悪について』42頁）。

しかし、力を持って人の上に立っても安全ではない。憎しみがあるから、人に寛容になれない。人にやさしくなれない。

だから安全は、その人の信じる安全にしか過ぎない。他の人から見た完全ではない。そのことが彼らは理解できない。

人の上に立っても安全ではないということは、愛されている人が分かる感覚である。

励まされていると、普通の人は「ツエを貸してくれているんだな」と思える。それが安全。しかし、強迫的に名声を追求している人は、ツエさえもムチに見える。

カレン・ホルナイによると、力には二つの意味がある。

一つは他人を支配するための力。
もう一つは何かをするための力。支配するための力ではない。
その通りである。

第5章

小さなことにウキウキしよう

「人生を楽しむために
あらゆるものを求めたのに
あらゆるものを慈しむために
人生を賜った」

I asked for all things,
that I might enjoy life
I was given life,
that I might enjoy all things...

幸せな人は今に満足している

何もなく過ぎていく一日は幸せな一日である。

幸せな人は小さなことに気がついている人である。

畳一畳で生きていける人は、心が満足している。心が満たされていないから豪邸が必要になる。

コップしか与えられなかった人がバケツを求めたら不幸になる。しかし、コップを与えられて「これがコップか」と思える人は祝福される。

手で水を飲んでいた人がコップをもらえたら、「コップをもらえてよかった」と思う。コップを素晴らしいものと思う。

与えられた一つひとつを全部嬉しいと思える人、それが幸せな人。祝福される人である。


こういった小さなことの積み重ねの中で、真の成功は来るということであろう。不幸な人は大きな満足を求めて、小さなことに気がついていない。

毎日が不幸な人は、「今日は爽やかな日だな」と爽やかな空気に気がついていない。

今を満足している人、
それが幸せな人。
一日一日をありがたいと思っている人、
それが幸せな人。
「これはこれでいいさ」と思う、
それが幸せな人。
成功があって達成感がないとき、
今を生きていない。

幸せな人は、もともと幸せな人ではない。不幸な人よりも、もともとは不幸なことが多い。その不幸を乗り越えて幸せになっている。
すべての幸せな人が、もともと幸せな星の下で生まれたわけではない。
心理的に力のある人は、もともと強いかというとそうではない。心理的に力のある人は、自分の弱点を知り、その弱点を乗り越えることによって力をつけたのである。

野心は人生の盾にならない

努力はするのだけれど、心の借金を増やすだけになってしまう人は、カレン・ホルナイのいう神経症的野心（neurotic ambition）で生きているからである。

神経症的野心は復讐心などと共に名声追求の一つの要素である。それは社会的成功への衝動である。

それは「不安からの防衛」としての野心である。不安から自分を防衛するために、他人より優位に立とうとする人が持つ野心である。

したがって社会的成功が必要になる。彼らは社会的成功によって人の優位に立っていなければ不安でならない。

相手が優位に立つことが心理的不安をもたらす。だから嫉妬深くならざるを得ない。人が自分より優位に立つことで不安になってしまうのである。

嫉妬深い人は自分の非を認めないという。それは優位に立っていないと不安だからである。神経症的野心とは、優越することそのことだけが大切な野心である。

その優越への努力の過程でどんどんと内面が貧しくなる。それが先に述べた心の借金を増やすということである。その結果、「社会的には成功するが、自分に絶望している人間」になる。

求めた成功を手にしながら、劣等感に苦しみ、孤独に苦しみ、不幸になる。それは、世間が彼のことをダメだと言わなくても、彼自身が自分のことをダメだと思っているからである。

そういう人は周囲の世界におびえていた。劣等感の特徴は周囲の世界が実際以上にすごいものに見えることである。自分より強く見え、そして自分に対して敵意を持っていると感じる。

自分が社会的にどんなに強くなっても、心の中で自分は弱いと思っていれば同じように周囲の世界におびえる。いかに世間が彼を賞賛しようと、彼は自分自身の評価を変えられない。

ストレス0《ゼロ》の人になる

劣等感のある人は自分の劣等感から、ある目標を立てる。そしてその目標を達成すれば、自分の劣等感はなくなると思っている。

有名大学に入学できれば、大企業に入社できれば、いい人と結婚できれば、人生の問題は解決すると錯覚する。そして自分の劣等感から目標を立てる。そして部長になれれば自分の劣等感はなくなり、自分は幸せになれると思う。

そうなると恋人を得るための有名大学入学、大企業入社。幸せな生活のための部長昇進となっていく。もし、それらが達成できなければ自分の恋は遂《と》げられないと思う。幸せな生活はないと思う。

まさにこの発想がストレスの原因なのである。この発想こそが不幸の原因なのである。

この発想でいくと、目標がストレスの原因になっていく。本来、目標は生きがいなのに、逆にストレスだけのものになる。こうして自分の人生を辛いものにしていく。

神経症的傾向の強い若者は自分が実力テストで一番になれば、「素敵な女」を得られると思っている。これは錯覚である。

ストレスのない生活をおくっている人には、この錯覚がない。「こんなことで得られる恋人なら俺はいらない」と思うから、目標設定からくるストレスがない。高い志を抱きながらもストレスがない。賢明に働きながらも燃え尽きることがない。

自分を信じられる人は他人の評価に頼らない

人は自分を信じられないから他人の評価を気にする。自分を心のよりどころとできないから他人の評価を心のよりどころにする。

今の自分のままで素晴らしいのだと自分を信じられる人は、自分の力など誇示しなくてもいいし、他人の評価に頼る必要もない。

自分を信じられる者は謙虚になる。虚勢を張る心理的な必要性がない。高慢になる心理的な理由がない。

今の自分のままで素晴らしいのだと自分を信じられないから、人は高慢になる。また、そのように自分を信じられないから自己実現の努力をしなくなる。

自分を信じられないものは、怠惰《たいだ》になるか、ムダな努力をする。ムダな努力とは、自分を不幸にするための努力である。現実の自分の可能性を実現するための努力ではなくて、不安から自分を守るための「理想の自分」を実現しようとする努力である。

現実の自分の可能性を無視した、人に優越するための努力である。

太りすぎていると悩んでダイエットをしている女性は素晴らしい女性になろうとし

ているのであろう。が、もしかすると今のままで気持ちをいれかえた方が、彼女の思い描く「理想の女性」を実現するよりもはるかに魅力的な女性になるかもしれない。

つまり、彼女は魅力のない女性になろうとして辛い努力をしているにすぎないかもしれないのである。太っていても魅力的な人もいれば、痩《や》せていて魅力のない人もいる。魅力的かどうかは太っているか痩せているかではなく、自分を受け入れているか受け入れていないかである。

「無名兵士の言葉」にならって言えば、

「愛されようとして美人になることを求めたら、やさしくなるようにと不美人を授かった。思いやりのある人間になれと不美人になった。求めたものは得られなかったけれども、願いは叶《かな》って愛された」

やさしい心がなければ、いくら美人でもただの冷たい人形と同じである。

美人でも人形ではコミュニケーションはできない。

自分を受け入れ、自分を信じられる者は、力で他人を威圧する必要がない。自分を信じられる者は、名声を獲得して他人から大切にされようとはしない。

自分を信じられる者は、今の自分のままで他人が自分を大切にしてくれることを知っているし、それで自分を大切にしない人とは付き合おうとしないからである。

自信とは、白鳥が白鳥であることを受け入れることから生まれる。小夜鳴き鳥《さよなどり》が小夜鳴き鳥であることを受け入れることから生まれる。自信のない人とは、自分が白鳥なのにいい声で鳴こうと小夜鳴き鳥と張り合う人である。また自分が小夜鳴き鳥なのに白鳥と美しい姿を競う人である。

名誉も権力も心の傷を癒さない

前出のカレン・ホルナイは神経症者の名声追求の強迫性について、いくつか特徴をあげている。その特徴の一つは「満たされることがない」である。「もっと、もっと」と、名声や権力を求める。

しかし、名誉も権力も実は本質的には心の傷を癒《いや》さない。一時的なものである。満足が表面的なものであるから、どうしても「もっと、もっと」にならざるを得ない。「もっと、もっと偉くなりたい」「もっと、もっと痩せたい」「もっと、もっと有名になりたい」「もっと、もっとお金が欲しい」「もっと、もっと体力が欲しい」。どこまでいっても、「もっと、もっと」が終わることがない。これが強迫性である。

あれも買いたい、これも買いたいと思う人は、不幸な人である。

名誉も権力も、実は本質的には無力感の代償的満足しか与えない。名声を追求している神経症者は、名声や権力に気をとられているが、自分が生きていく上で本当に役に立つことは何かに気がついていない。

栄光追求の裏に隠された要素は、人を打ち負かし、人を卑《いや》しめることであると、カレン・ホルナイは言う。

まさにその通りである。成功への飽《あ》くなき追求、それは自らの成功を通して、自分を卑しめた他人に復讐することである。

成功すれば、自分を蔑《さげす》んだ人を見返してやることができる。そこで傷ついた人は強迫的に成功を求め、富を求める。

しかし、求めるものを得ても、幸せにはなれない。そうした勝利がカレン・ホルナイの言う復讐的勝利である。

「見返す」というのは憎しみ。それは「貫一、お宮」の世界である。しかしもし、お宮と別れた後の貫一に話し相手がいたら、貫一の人生は変わっていたにちがいない。

話し相手がいれば、小さいころの屈辱を晴らす必要はなくなる。

貫一は、お宮と別れたときから心理的に成長をしていない。そこに止まってしまっている。もし、心理的に成長すれば、お宮とのことはどうでもいいことになる。
おそらく心理的な成長が止まった人は孤独な人である。

幸せの近道は人を大切にすること

神経症的野心を持っている人は、たえず人を見下《みくだ》そうとしているから一緒にいる人は不愉快である。こういう人にはいい情報が入ってこない。

しかも、そういう人は自分を素晴らしく見せることにしか関心がないから視野が狭い。そうなると些細《ささい》な失敗でも心理的に大打撃を受ける。些細な失敗で自殺するほどの心理的打撃を受ける。

幸せになろうとしたら、自分を尊敬し、人を愛する努力をすることである。

根本が分かっていないと次々にちがった方にいく。自分を蔑視《べっし》し世間を敵視したら、どんなに成功しても幸せにはなれない。

悲劇の基本は、自分を蔑視し世間を敵視した心なのである。

たとえば、「この水には毒が入っている」と疑った人を想像して見る。その水を替えるだろう。しかし、替えた水を見てまた同じように「この水には毒が入っている」

と疑わないだろうか。

水が何回替わっても、それを見る心が同じなら、いつも「この水には毒が入っている」と疑うにちがいない。問題は水ではなく、心なのである。

同じことが自己蔑視と名声との関係についても言える。どんなに成功しても自分はダメだという意識は変わらない。現実の自分のすべてが悪いと思っている。自分の手に入るものではダメ。本質的な癒しにならない。

自分が自分を尊敬していないと王様になっても不満である。そして自分が心の底で感じているように自分はつまらぬ人間だと他人に感じさせまいとする。

だから、時に歴史上の王様のようなナルシストは「オレを神と思え」となる。しかし、心の底では自分が神と思っていない。

自分が神と思っていないと、人から神と思われても不安で、不満は解消しない。自分のこけおどしが見破られないかといつも不安である。

ただ、今自分が「優越することで安心しよう」としていることに気がついても自分を責める必要はない。自分がそういう環境で育ってきたことを認めればいい。そして自分が人を傷つけて生きてきたことに気がつけばいい。

自分を信じたとき、人生は最高の価値を持つ

優越することで屈辱感を晴らすことができる。成功することで屈辱感を晴らすことができる。そう思っている人がいる。

安心するためには本当は愛が必要なのである。ところが、彼は「脚光を浴びること」と勘ちがいする。見返すことだと勘ちがいする。

「何もできない自分」でも「幸せ」はつかめるのだと自分を信じたとき、その人は自分の人生で最高の価値を実現しているのである。

そう信じた人の人生は最高の価値と意味を持つ。

「なぜならば真の運命を率直に受けとって苦悩することの中に意味及び自己充足の最後の、しかも最大のチャンスが人間に開かれるからである」（『神経症　フランクル著作集5』霜山徳爾訳、みすず書房、69頁）

そして真の運命を率直に受けとって苦悩する人は、人を愛する能力を持つ。

苦悩するということは、自分の人生に意味を与えることなのである。それはその人

の視野の幅をひろげるということである。

視野の幅の狭い人は大人になってから、大きな困難を乗り越えることができない。ノイローゼになったり、うつ病になったり、社会的問題を起こしたりとさまざまな形の挫折をする。

長い人生を考えて、苦しむということはけっして悪いことではない。

たとえ失敗しても、人生に満足できる人

人生を成功と失敗という価値観の軸だけで生きているのが、ホモ・ファーベルである。

ホモ・ファーベルとは「創造しつつ自己の価値を充足する『はたらく人間』である」（『精神医学的人間像　フランクル著作集６』宮本忠雄・小田晋訳、みすず書房、59頁）

人間の価値には創造価値や体験価値の他に態度価値があると、フランクルは言う。それはいかに宿命に耐えるかということである。運命にどういう態度で立ち向かうかということである。

そして「態度価値は創造価値や体験価値に対して、苦悩の意味が労働や愛情の意味より次元的に上位にあるかぎりにおいて、すぐれていることがわかります」（前掲書、59頁）と述べている。

ホモ・ファーベル（Homo faber＝はたらく人間）、それは成功をめざす人、「成功と失敗」の軸でしか、ものを考えられない人である。

ホモ・パチエンス（Homo patiens＝苦悩する人間）、それはもっともはなはだしい失敗においても自らの生を充足できる人であり、「充足と絶望」という軸で生きている人である（『神経症　フランクル著作集5』霜山徳爾訳、みすず書房、40頁）。

人生を、「成功と失敗」という価値観の軸だけで生きているホモ・ファーベルが成功しても、時には自らへの絶望に苦しんでいることがあるということはすでに説明をした。

また、ホモ・ファーベルが失敗したときが問題である。どうにもならない状況に追いやられ、いつしか無気力になる。

この「無名兵士の言葉」が言っていることは、一口で言えば、「ホモ・ファーベルからホモ・パチエンスへと人間像を換える」ということである。

ホモ・ファーベルが考える成功した人生と、ホモ・パチエンスが考える価値ある人生はちがう。
苦悩することの意味と価値を知れば、地獄が天国に変わる。
世の中には、天国に行けるのに、地獄にとどまる人がいる。

第6章

「今」に懸命になれば将来の不安は消える

「求めたものは
一つとして与えられなかったが
願いはすべて聞き届けられた
私は　もっとも豊かに祝福された」

I got nothing that I asked for-but
everything I had hoped for
Almost despite myself,
my unspoken prayers were answered.
I am among all men,
most richly blessed !

求めたものが得られなかったときに

「偉大なことができるように健康を『強迫的に』求めた」とき、「幸せになろうと富を『強迫的に』求めた」とき、「世の人々の賞賛を得ようとして成功を『強迫的に』求めた」とき、そして幸せになれないとき、私たちは何を反省したらいいのか？

五つある。

成功とはささやかなことに満足すること

一つは、まず何を成功と考えているかである。

成功することで幸せになりたいというのなら、人間の満たされ方を知っていなければならない。

成功とは、ささやかなことに満足することである。

「水を飲みて笑う人あり、錦《にしき》を着て憂《うれ》える人あり」という格言を忘れてはならない。

「野原に座ってオニギリを食べて幸せ」というのが成功である。

今あることを受け止められることを知ったら幸いになれる。

今日も電車に乗れてよかったな。電車に乗れる健康があってよかったなと感じる。そう思える人が成功した人。

地下鉄に乗れるのが嬉しい。それが成功した人。社会的には成功していなくても、心理的には成功している。

こういう人はフランクルの言葉を借りれば、『失敗と充足の両立』ということであろう。

次にあげるような人は「成功と絶望の両立」のような人である。

大銀行の役員で定年になった人がいる。道路でタクシーに手を挙げるのが耐えられない、と言っていた。銀行にいたときには黒塗りのハイヤーに乗っていたのだろう。タクシーに乗るのが辛いなら、電車はさらにやりきれないだろう。

この人も見返したいという憎しみで頑張って大銀行の役員になった。しかし、定年後は不幸である。憎しみがあると、黒塗りのハイヤーに乗るという生活を人に見せたいと思う。これを見て、あの人たちは羨《うらや》ましいだろうと思う。

なぜそう思うか。自分がいつも他人に対して羨む気持ちや、妬《ねた》みを感じて生きていたからである。

この銀行役員の定年後のようなことはよくある。老人性うつ病もそうしたことが原因であることが多い。定年そのものが苦しいのではない。今までのポストが与えていた権威を失うことが苦しいのである。ポストで偉くなったように感じているから、最後にそのポストがなくなって苦しむ。

偉くなったような気分になって生きていることが定年後の苦しみの原因になる。だからそのときには、自分はそういうものを求めて生きてきたのだと静かに反省する。

六十歳を過ぎても可愛いリュックサックを背中にしょって街を歩ける。それが成功した人。

傲慢になっていないか？

第二に、富や健康や成功や力を強迫的に求めている今、自分は傲慢《ごうまん》ではないだろうかということである。

世の中で、何もかも自分の思いどおりにしようとする傲慢な人がいる。

「あれも欲しい、これも欲しい」という欲深い傲慢さである。それを得ることで、自分を他人より高い位置に置こうとする。

傲慢には、他人を卑《いや》しめようとする復讐心が隠されている。

あるビジネスパーソンは、「自分がいなくなったら会社は困るだろう」と思って会社を辞めた。そして自分で仕事を始めて成功を焦った。

「もっと大きな仕事をして元の会社の人たちを驚かせたい」と、彼は思った。そういう自分の心の有り様が焦りとなって彼を苦しめている。彼は毎日焦っていたが、彼の焦りは自分がまいた種である。

成功を焦っている人は、たいてい人を軽く見ている。彼の場合も同僚や上司や部下を軽く見ていた。そして人を軽く見る人は、欲が先に来るから、現実を歪《ゆが》めて見てしまう。

会社を辞めた彼の場合も、会社では「美味しいものをいただこう」というだけのことである。それが利用できない。そこで「許さない」となった。

傲慢でなければ、世の人々の賞賛を得ようとして成功を求めない。

心の傷を癒《いや》せないでいる人は、早くお金が欲しい。早く社長になり、自分を認めない世の中を見返したい。だから待てない。

憎しみで人を見返したい人は、努力をするが最後はその努力が灰になる。見返してやるというそっちの欲求が先にくると、幸せにはなれない。傲慢な人は心の中で憎しみを乗り越えていない。

謙虚さは何かを乗り越えたときに出てくる。

過去の体験を乗り越えているか？

第三に反省することは、「小さいころの屈辱の体験が心の底に記憶として残っていないか？」ということである。

つまり、小さいころの屈辱の体験を心の中で乗り越えていない。

多くの人の前で嘲笑された経験とか、からかわれた体験とかが自分にはないだろうか？　そう反省してみることである。

おそらく好きな人に侮辱《ぶじょく》されたとかいう類《たぐい》の体験があるにちがいない。認めてもらいたい人から認めてもらえない悔しさなどがあるにちがいない。

屈辱の体験が心の底に抑圧されていないか？

いずれにしろ自尊心が深く傷ついたのである。その心の傷を自己栄光化によって解決しようとするかぎり、自分に対しては「べき」の暴君になり、他人に対しては傲慢にならざるを得ない。

この世の中にあっては、現実の自分を、現実の他人がそれほど注目してくれるわけではない。自分は単に一社員であり、単に一市民であり、単に一学生でしかない。

神経症的傾向の強い人は、規則にしたがって規制されることに激怒すると、カレン・ホルナイは言う。

事務所で、「今日は終わりましたから明日にして下さい」とか、「きちんと並んで下さい」とか言われると不愉快になる。

神経症的自尊心の持ち主は規則を嫌う。規則は自分を特別な人ではないと知らせるからである。

こういう人は社会に接すると傷つくから、社会と接することを避ける。あるいは社会に対して攻撃的になる。そして次第に社会的に孤立していく。

人生に満足していれば、人にやさしくなれる

第四に自分は傷ついたけれども、それは本当に傷つくにふさわしい体験だったのか

という反省である。

相手がこちらを傷つけるようなことを言ったときには、たいてい相手も追いつめられている。自分が追いつめられていなければ、人はそれほど酷《ひど》いことは言わないものである。

相手の言葉に反応して怒らないことである。傷ついたときには、相手は自分よりも傷ついているということに気がつくことである。

冷静な人は、相手がこちらの眼を見てその言葉を言ったか、その声は怒りにふるえていたかなどと、しっかりと相手を見ることができる。

人はいろいろなことが自分の思いどおりにいっているときには、相手を傷つけようとしたり、攻撃的になったり、怒ったりしない。偉そうにしていたり、怒っているときには、いろいろなことが思うようにいっていないときである。欲求不満なときである。

そういう人を相手にしてこちらが傷ついたり、落ち込んだりすることはない。誰も好んで人から恨《うら》みを買うようなことをしない。恨みを買うようなことをしているときには、その人はいろんなことが思うようにいっていないときである。

ことに人前で人を傷つけるようなことをする人は、自分自身が傷ついている。満足していれば人を傷つけたりはしない。いつも怒っている人は、その人自身が傷ついているのである。満足していればやさしくなる。

おだやかな人と攻撃的な人がいる。それは満足している人は不満な人である。

『感情の世界』（島崎敏樹著、岩波新書）という本に面白い実験が紹介されていた。二匹の猫をシグナルに応じてエサを食べるようにしておく。そして二匹を一緒にして、一つのエサ箱からエサを食べさせるようにする。すると一方が優越者となり、相手かまわずエサを平らげる。他方は従属的になり、エサをとる努力をしない。シグナルを示すと自分の手を舐《な》めたり、脇を見たりしている。

このような支配的な猫に対してエサ箱に足をかけると感電するようにしておく。そして欲望と恐怖のジレンマに陥《おとしい》れ、別のグループに移す。

すると、新しい隣人に敵意に満ちて襲いかかるという（『感情の世界』167～168頁）。

そこからの説明が面白い。襲われた猫たちはエサが確保され、前からの支配服従の関係が維持されていれば、この乱入者に反撃しないという。

私たち人間社会でも、この乱入した猫のような人がいる。

この人がいろいろな人を傷つける。人間社会では実際に襲いかかることはできないから、相手を非難したり、足を引っ張ったり、スキャンダルをつくって失脚させたりして人々を傷つける。

「欲望をせきとめられた強者は、まわりにむかって憎悪をなげつけ、攻撃的となるのである」（前掲書、168頁）

言いたいのは、人間社会でも周辺の人々を傷つける人は欲求不満な人々だということである。猫の場合には、強者ですむが、人間社会の場合には日々恨みを買い続けて生きていることになる。不幸な死に方は免《まぬが》れない。

傷ついたときには、「相手を見よ」である。そうしたら傷つくのがバカらしくなる。

自己イメージを限定しない

第五に、今自分は自分をどうイメージしているかということである。

ハーバード大学の心理学のエレン・ランガー教授は、一つのことだけで自分のイメージを限定するのは危険であると述べている。

たとえば、先に述べた自殺したエリート街道まっしぐらの人たちなどは、この危険な例である。

会社の仕事に失敗して自殺するエリートビジネスマンは、自分をエリートとしてしかイメージできていないのである。

有名大学の入学試験に落ちて自殺する若者も同じであろう。自分を「優秀な若者」としてしかイメージできないのである。だから、そのイメージが危険にさらされたときには生きていけない。

スポーツ選手などでも同じことである。自分をある種目の選手としてしかイメージしないと、そのスポーツができなくなったときに自殺する人さえ出てくる。

成功もまた一つの視点から見たものでしかない。

失敗したときに冷静さを失わないということは、成功するのと同じように大変なことである。こうなるかと思ったときにこうならない。それで心が動揺する。どう受けとるかという態度によっては、失敗はその人の視野を広げる。

「限定された自己イメージの危険」は、すべての自己蔑視《べっし》している人に言えることなのである。

若いころ、自分のイメージをどう形成したかによって、その人の一生は支配されかねない。

うまくいかないことがあると、すぐに冷静さを失う。ちょっとした失敗ですぐに取り乱してしまう。そのように、思うように成功できなかったときの反応が異常な人は、たいてい「限定された自己イメージ」を持っている。

第三者から見ると、上手《うま》く歌えなかったからといって、どうということはないではないかと思うが、自分を歌手としてしかイメージできない人にとっては、それは大問題である。

別の視点から見てみる

ある大学教授である。辛い人生をおくって、この世を去った。代々彼の家は大学教授であった。そして家では片寄った価値観が支配し、学問をすることが最高の行為と皆が信じ込んでいた。

さらに人間の価値は頭の善《よ》し悪《あ》しによって決まると、家族全員が信じ込んでいた。ところが、その大学教授は教授になってからも自分は頭がよくないと思っていた。それも学生のころ、成績が期待されたほど良くなかったということが原因である。

教授としての能力は学生のときの成績とは別のものであるが、彼はそう思えなかった。そのため彼の自己イメージは限定されているうえに、たいへん悪かった。

彼は他の教授に比べて能力がないわけではない。私から見るかぎり教授としての能力についてだけ言えば、彼は自己蔑視する必要がない。しかし、彼は深刻な劣等感に悩まされていた。

それは学生のころに成績が悪かったということと、自分が第一志望の大学に入れなかったということが原因である。成績といい、志望の大学といい、それはすべて周囲が望んだ成績、周囲が望んだ大学という意味である。

彼は生涯劣等感に悩まされたが、それは若いころの成績と若いころに学んだ大学の名前のためである。どちらも周囲から期待されたものではなかった。

それよりもさらに大きな問題は、彼の自己イメージがきわめて限定されていたということである。彼は自分を大学教授としてしかイメージできなかった。そのうえに彼は自己イメージが悪いということで、自分の持っている能力を生涯活かすことができなかった。

もし、彼があれほど酷い自己イメージを持っていなかったら、彼は社会のためになる大きな仕事をしたように私は思う。つまり、彼は歳をとっても狭い意味での学問的能力という視点からしか自分を見ることができなかった。古い意味でのカテゴリーからしか自分を見なかった。古い既成の視野に立って自分を見、そして自己卑下した。

彼にとって唯一の価値ある能力とは、狭く古い意味での学問的能力であった。そして彼は優れた創造的な才能があるにもかかわらず、その古く狭い意味での学問という価値に囚《とら》われ続け、苦しみ続け、才能を発揮することもできなく世を去った。

彼がもし自分をもう一つ別の視点から見ることができれば、劣等感に苦しむこともなく、人々の幸せにも貢献する業績を表わせたかもしれない。また、学問というものをもう一つ別の視点から見ることができれば、自分も幸せであったであろう。

自分とはどういう人間であるかというイメージが若いころに形成された、そしてさらに大きな問題は、自己イメージそのものが実際のその人と大きくちがうということである。

実際にはその人は陽気なのに、自分は生真面目《きまじめ》でつまらない人間だと思っている人もいる。自分は家庭的ではないのに家庭的だと思い込んでいる人もいる。

そういうまちがった自己イメージの場合にはたいてい価値観が関わっている。つまり、家庭的なことは良いことだという価値観である。あるいは自分にとって重要な他者からまちがってイメージを与えられたという場合もある。たとえば、母親から「この子は人見知りで」とか言われて、そう思い込んでしまうのである。

「低い自己評価」と「まちがった自己イメージ」とはちがう。「まちがった自己イメージ」とは、おしゃべりなのに自分は無口だと思い込むことである。

小さい頃、父親から「この息子は無口で」などと紹介されたことで、そう思い込んでしまう。

今日一日を楽しく生きよう

幸せになろうとしたら、今日一日を楽しく生きようと努力することである。たとえ五〇〇〇円しか持っていなくても、今日一日、元気で生きようと努力する。

それが「もっとも豊かに祝福される」ようになる努力なのである。

生きるというのは、今新しくなって生きること。

彼は今という切り替えができない。

彼は過去の恨みで生きている。

そういう人は、死ぬときに、自分の人生は何だったろうと考える。

私はジョージ・Ｌ・ウォルトンという人の『なぜ悩むのか？』という本を訳したことがある。それはもう百年も前に出版された本である。

「自分のまちがいに気づき、今を生きようと決心したとしましょう。そう思うと体全体がリラックスし、呼吸が深くなり、まわりの風景が見え始めます。建物が空にくっきりと浮かび上がっているようすさえ目に入るかもしれません。何年もの間、毎日その前を通って、これまでそんなことに気づきもしなかったのに。足取りは軽くなり、生きることがいつもと違って見えてきます。私は、『休息の与える力』を手に入れたばかりか、心の平安へ向かって大きな一歩を踏みだしたのです」

自分の人生に目標がないときには、その日その日を力一杯生きる。

目標を持てないときには、そうしているといつか目標が見えてくる。

同じ一日を与えられていても心の持ち方で人の生き方はちがう。だらしのない生き方をする人もいれば、目的を持ってキチンと生きる人もいる。

一瞬一瞬にエネルギーを注ぐ

今を大切にしない人は生き方がだらしない。

長生きをしようとするより、今の一分を意味あるものにしよう。八十年間ただ漠然《ばくぜん》と生きているよりも、今を充実して三十年間生きている方が長生きしているといえる。八十年間、不満ばかりで生きてきた人もいる。三十歳で死んでも、今を充実して生きた人の方が長生きをしている。

誰も長患《ながわずら》いはイヤだろう。でも心の鍛え方で、それに耐えて意味ある人生にする人もいる。神に「生かされている」と思えばいい。

不老長寿が人間の最大の願いだという。

でも毎日を夢中で生きていれば、不老長寿など願わない。

一分を惜しんで生きていれば、不老長寿など願わない。

自分の意志で心から満足したことがあれば、不老長寿など願わない。

毎日を精一杯生きていないから、不老長寿を願うのである。

本当にしたいことがあれば死ぬ気でやるから、そんなことも考えない。「長生きしましょうね」というよりも、やるべきことをやることの方が大切である。賢明であれば、幸せになろうと富を求めないのと同じことである。

死にものぐるいで一カ月を生きる。そうしたらその後で、「この一カ月は一年のような感覚でした」となるのではないだろうか。

裕福ではない人だが、母親の死に際して正目《まさめ》の檜《ひのき》でお棺をつくった人がいる。一八〇万円もした。

それは焼場で一瞬のうちに燃えた。しかし、その一瞬はその人にとって一生の宝である。その人は一生それを心の中で話題にする。

その人は泣いた。しかし、母親は心の中に生きていると思ったら涙が止まった。

その一瞬にすべてのエネルギーを注ぐ。それが生きるということである。

セミがいちばん大きな声で鳴くのは、もうじき死ぬことを知っているから。この今が生きる最期と思うからである。

「無名兵士の言葉」にならって言えば、「老いることを恐れて若さを求めたら、情緒的に成熟するようにと歳をとった」となるだろう。

悩みの中でも心を乱されない

シーベリーの言う「不幸を受け入れる」は、禅で言う「無」のことである。

前に触れた『なぜ悩むのか？』という本の中に哲学者エピクロスの話が出てくる。エピクロスはキリスト生誕の三百年も前の人で、キリストが生まれたときでさえ、すでに彼の話は昔話になっていた。その遠い遠い昔々の人であるエピクロスは生まれつき繊細《せんさい》で感じやすい人であった。

七歳のとき爪先立《つまさきだ》ちができず、自分ほど弱い子どもはいないと思っていた。少年時代には、自力で椅子から降りることができず、太陽や火を見ることもできなかった。また、皮膚が非常に弱くて、簡素なチュニック（ギリシャ時代の上衣）以外は何も着られなかった。

その彼は、「賢人は起きているときと同じように、眠っているときも心はやすらかである」と述べている。

彼はそれだけのハンディキャップをかかえながらも、心やすらかになることができた。心やすらかなることは悩みがなくなることではない。悩みの中でも心を乱されなかったということである。

「すべての悩みがなくなるような力を求めてはいけません」と、彼は述べている。

苦しみを乗り越えたときに気づくこと

エピクロスのこの言葉とシーベリーの「不幸を受け入れる」という言葉は、同じ意味であろう。

エピクロスは心のやすらぎを得るために、世俗の生活を離れよとは言っていない。しっかりと自制心を持ち、安直に手に入るものを欲しがるのをやめれば、普通の生活の中でも心の安定を維持することができるという。

「幸せになろうと富を求めるのも、世の人々の賞賛を得ようとして成功を求める」のも、あまりにも安直に幸せになろうとしていないだろうか？

幸せになろうとすれば、心理的成長を遂《と》げようとする以外にはない。

「求めたものは一つとして与えられなかったが、願いはすべて聞き届けられた。私はもっとも豊かに祝福された」ということは心理的成長をしたということであり、情緒的成熟をしたということである。

自分の中で苦しみを乗り越えたということである。

苦しみを心の中で乗り越えたとき、自分はとるに足らぬことに心を砕《くだ》いているから生きることが辛かったのだと気がつく。

あとがき

この「無名兵士の言葉」は、求めたものは与えられなかったが、「幸せになった」ということである。つまり、「人の痛みを知れ」ということであろう。

人は痛みを知ったら、多くを望まない。

どん底を味わったら、人はその日その日を精一杯生きる。

病気になってみたら、学歴なんて意味がないと思うだろう。

苦しみを乗り越える経験をしたら、そんなものは意味がないと思う。

この「無名兵士の言葉」には感情的に多少無理があるけれども、言っている内容は真実である。

人は桜のような生き方に憧れるが、人の心を癒《いや》すのは晩秋のような生き方である。

人は晩秋に深い癒しを感じる。

桜のようにはなやかな女性でも、夫が倒れているのに救急車を呼ぶ前にお化粧をしているような妻には癒しを感じない。

人は、どのような人に癒しを感じるのか？

それは淡々と春を迎え、あるがままに秋を迎え、自らの人生を見事なあかね色に染め上げ、そして静かに大地に帰っていくような人である。

この無名兵士は他人を思うが、自分を捨てられる人ではなかったか。ただ、暮れゆく秋の季節に自分の身を投げ捨てて、あの美しい紅葉した葉になれるような人ではなかっただろうか。

人はとかく権利を主張し、恩義を売り込む。

しかし、この無名兵士は自分の「生きざま」の中で、人間とはいかに生きるかを伝えていくような人ではなかったのか。

私たちに残されているのは、この無名兵士の志をつかみとることではなかろうか。

空腹は最大の料理人という。

お腹が空《す》いているから美味しい。

喉《のど》が渇いていれば、それだけ水を飲みたい。

ふと幸せを感じる人は、それだけ苦しんでいたということである。

今が不満で、「こうなったら」幸せと思っている人もいるが、今が不満な人は「こうなっても」幸せにはなれない。

逆に傲慢《ごうまん》なときには、「こうなったら」不幸せと恐れて成功を焦っているが、「こうなったら」人の痛みが分かって幸せになれたということもある。

この「無名兵士の言葉」は、大事なことをまちがえなければ、人はいつか幸せになれるということを教えている。

大事なことをまちがえたのがノイローゼ。

大事なことに気がつかないのがナルシスト。

あなたは今まで、誰に耳を傾けて生きてきたのか。

あなたは今まで、リンゴの味を知らないで、リンゴを食べると幸せになれると思ってきた。

今あなたがいちばん求めているものが、必ずしもあなたに幸せをもたらすものとはかぎらない。

求めていることは、お金持ちになること？

求めていることは、権力を持つこと？

求めていることは、名誉、名声をかちとること？

求めていることは、容姿端麗であること?

求めていることは、スーパーマンみたいになること?

自分の衝動を満足させるためだけに、富を求め、成功を求め、健康を求める生き方は、生きることをますます苦しくしてしまう。

そのことを、この「無名兵士の言葉」は教えているのではなかろうか。


人は体験から学ぶ。病気から学び、貧しさから学ぶ。だから、幸せがくる。

ただ病気になり、貧困になったからといって幸せになれるわけではない。

幸せになる人は、苦しみがなかったから幸せになったのではない。悩みや苦しみがあっても、それを正面から冷静に受け止め、その苦悩の価値を認めたから幸せになったのである。

本文中にも書いたように、心の悩みを人に優越することで解決しようとしている人もいる。ここが、苦しんで不幸になった人と苦しみ悩んでも幸せになった人とちがうところである。

この「無名兵士の言葉」は弱さや病気や貧困や失敗が良いと言っているのではない。病気は苦しいし、貧困であるが故にいろいろなイヤなことを体験する。したがって、この「無名兵士の言葉」は病気や貧困や失敗から何を学ぶかが大切だと言っているのだと、私は思っている。

失敗して苦しいとき、貧困で屈辱を味わっているとき、神が自分にこの失敗や貧困から「何を学べ」と言っているのだろうかと考えることが大切なのである。

たとえば、貧困から何を学ぶのか？

生活の営《いとな》みを忘れたら、人間はやがて心理的に崩壊する。生活の営みが乱れた人間はダメ。

貧乏でも出世する人がいる。アメリカで偉大になった人間は皆、丸太小屋で生まれたと、マーデンという人の本に書いてあった。

しかし、貧困そのものが良いのではない。貧乏をしていれば、生活をキチンとせざるをえない。だから、貧困は望ましいのである。

健康で富と力を持ち、成功した人間になったときに、人がどのようなものを失いがちなのかを、この「無名兵士の言葉」は教えようとしているのではないだろうか。

そしてその大切なものを失うから、すべてを得ても幸せにはなれないことが多い。

逆に失敗や貧困や病《やまい》から大切なことを学んだ人は幸せになれるということを、この「無名兵士の言葉」は教えているのではないだろうか。

本文中にも書いたが、フランクルの言葉を借りれば、人は「ホモ・ファーベルからホモ・パチエンス」になることで幸せになれるということである。

この「無名兵士」は、貧困から賢明であることを学んだのである。弱さから謙虚を学んだのである。病気の中でより良きことができることを学んだのである。

それはまさに価値視野のひろがりである。

フランクルは、人間は意味を求めている存在と考えている。そしてその面を考えたのがホモ・パチエンス＝「苦悩する人間」という概念である。

この「無名兵士」は何も努力しないで、「もっとも豊かに祝福された」わけではない。

この「無名兵士」は病気や失敗の苦しさを乗り越えたのである。

そしてさまざまな困難を乗り越えた人だけがはじめて感じることのできる幸せをつかんだのである。

この「無名兵士」だって、「自分は病気だから何をしてもダメなのだ」と思って自らの人生を捨てることもできた。悩みから逃げて物事に無関心になり、最後は自分に絶望して生きるという選択をする可能性だってあった。

私たちはこの「無名兵士の言葉」そのものから学ぶと同時に、この「無名兵士」の生きる態度から学ぶことが大切なのである。

この「無名兵士」が「もっとも豊かに祝福された」と感じたのは、この「無名兵士」の生きる態度からなのである。

病気そのものが人に祝福をもたらすわけではない。病気は単なる一つの体験である。その体験から「もっとも豊かに祝福された」と感じるのは、その病気という運命に対するこの「無名兵士」の態度があったからなのである。

この「無名兵士」は自分自身の苦しみから逃げなかった。その態度こそ、この「無名兵士」が「もっとも豊かに祝福された」原因なのである。

「どんな病気にもその『意味』がありますが、その病気のほんとうの意味は、いかに苦悩するかというところにあるのです」（『精神医学的人間像　フランクル著作集6』宮本忠雄・小田晋訳、みすず書房、71頁）とフランクルは述べている。

人間にとって苦悩もまた意味を持つのだというフランクルの視点を持たなければ、この「無名兵士の言葉」は色あせてしまう。

その視点がなければ、欲望の満足を求めてマネーゲームに狂奔《きょうほん》しているビジネスパーソンに「こんな生き方はイヤだよ」と言われれば、それまでである。

人間は欲望の満足だけでは祝福されないのだという人間像があって、はじめてこの「無名兵士の言葉」が説得力を持つ。

したがって、「無名兵士の言葉」をまとめれば、次のようになるかも知れない。

「欲望を満足させたくてすべてのものを求めたら、自分の価値に気づきなさいと苦しみを授かった」

人は失敗したからといって、必ずしも祝福されるわけではない。失敗した人がすべて祝福されているわけではない。

「どうしても、成功したあの人が許せない」という憎しみに囚《とら》われている人も大勢いる。

「あそこまでして成功したくない」と斜に構えることもできる。

「あんな生き方を自分はしたくない」と自分に嘘をつくこともできる。

この「無名兵士」は、失敗して自らの視野を広げたのである。「成功と失敗」という軸だけで人間を考えるのではなく、人生の意味とか価値とかを考え出したのである。

成功という価値ばかりではなく、さまざまな価値が人間にはあるのだということに彼は気がつき、自らの価値の視野を広げた。

そのことで、彼は「もっとも豊かに祝福された」のである。

「無名兵士」が祝福されたのは失敗そのものではなく、失敗に対する彼の正しい態度があったからである。

「賞賛を求めて、成功を求めたけれども、失敗をして人の愛を知った」という人が、「もっとも豊かに祝福され」るのである。

成功したときに、その人のまわりに集まる人は怖い。甘い汁を吸おうとする人ばかりである。

「社長さん、ステキ。社長さん、立派！　最高！　歩き方がとってもスマート！」

こんなことを言う人ばかりである。

フランクルは、「苦悩する人間」＝「ホモ・パチエンス」は「最悪の失敗や挫折の場合でもなお自己を充足することができる」と述べている。そして「成功と絶望が両立しうるのとまったく同様に、充足と失敗も両立しうるということになりましょう」（前掲書、60頁）とも述べている。

「成功と絶望」を両立させている例がアルコール依存症の大政治家や逮捕された世界一と言われた大富豪だとすれば、この「無名兵士」や『アンデルセン童話』の中のヒナギクは、「失敗と充足」を両立させている例なのである。

本文中にも触れたが、今の日本は「成功と絶望が両立する」というフランクルの言葉を、この「無名兵士の言葉」を読む機会にもう一度かみしめる必要がある時代なのではなかろうか。

「人生でいちばん大切なのはお金」という価値観を持っている若者が世界でもっとも多いのが日本である。つまり、日本の若者は世界でもっとも人間を「欲望の動物」と考えている。意味や価値を求める存在とは考えていない。

この「無名兵士の言葉」は、欲望の満足というその願いは叶《かな》わなかったが、人間の価値に気がついて祝福されたということである。

それは苦悩もまた正面から受け止めるときに、それが意味を持つのだということである。苦悩そのものが不幸の原因ではなく、苦悩からの逃避が不幸の原因なのである。

この「無名兵士の言葉」は欲望の満足を求めたが、神から人間の価値に気づきなさいと教えられたということではなかろうか。

成功した人であれ、失敗した人であれ、富《と》んだ人であれ、貧しい人であれ、病気の人であれ、健康な人であれ、どのような人であれ、幸せをつかんだ人はそれなりの努力をしていることに思いをいたさなければならない。

昔はなかった「ひきこもり」や「ニート」が今の日本には出てきた。おかしな社会になった。今の日本は大切なものを忘れている。

まるでマネーゲームをすることがグローバル化でもあるような錯覚をしている人も出てきている。

「それが自由主義だからしょうがない」と、自由主義をまったくまちがって解釈する「文化人」が得々《とくとく》としてテレビに多数登場する。

インターネットの時代で、人々は情報を得やすくなった。それと正比例して各分野で「指導者」と言われる人々がまっとうな勉強をしなくなった。

昔は高齢者もそれぞれの家で死ねた。今の日本はメールで象徴されるようにさまざまなことで便利になった。でも失ったものも多い。

この本がその失った大切なものを思い出すきっかけになってくれればと、心の底から思う。

この本も今までの本と同じように大和書房の南曉社長にお世話になった。私は早稲田大学の他にハーバード大学ライシャワー研究所の準研究員をしているので、この本は雪深いボストンの郊外で書いていたのであるが、執筆中には遠い東京からいろいろなお気遣いをしてもらった。

新版あとがき

この本では無名兵士の彼が、本当に求めていたものはなんであったかということを考えた。

彼が「祝福されたのだ」という意味は、「心の安らぎを得た」ということであろう。自分の「心の居場所を見つけた」ということであろう。

「求めたものは一つとして与えられなかった」というが、実は心の底のそのまた底ではそれらのものを求めていたのではない。

それらのものは彼の優越感コンプレックスから求めていたものに過ぎない。彼のパーソナリティーの根底には不安定感があった。

彼が本当に求めていたのは、安定感のあるパーソナリティーであり、心の安らぎであり、心の癒やしである。

彼は、今それを得たのである。それが「私はもっとも豊かに祝福されたのだ」という意味である。

「世の人々の賞賛を得ようとして成功を求めた」のは彼が、優越感コンプレックスや劣等感コンプレックスに苦しんでいたからである。

根強いコンプレックスが癒されれば、「幸せになろうと富を求める」必要がなくなる。

彼は最後に「願いはすべて聞き届けられた」という。彼は、優越感コンプレックスや劣等感コンプレックスが消え「本当の自分」がわかり、自分の幸せに気がついたのである。

彼は、自分の心の居場所を見つけることで、「願いはすべて聞き届けられた」と感じた。「孤立と追放」から人との心のつながりを持てた。

本書は二〇〇五年六月に大和書房より発刊された
『無名兵士の言葉』に加筆・再編集し、改題したものです。

〈著者略歴〉

加藤諦三（かとう　たいぞう）

1938年、東京生まれ。東京大学教養学部教養学科を経て、同大学院社会学研究科を修了。現在、早稲田大学名誉教授、ハーバード大学ライシャワー研究所客員研究員。
主な著書に、『なぜか恋愛がうまくいかない人の心理学』『人生を後悔することになる人・ならない人』『自分の心に気づく言葉』『心を安定させる言葉』（以上、ＰＨＰエディターズ・グループ）、『心の休ませ方』『自分のうけいれ方』『不安のしずめ方』『自分に気づく心理学』『やさしい人』（以上、ＰＨＰ研究所）、『なぜ、あの人は自分のことしか考えられないのか』（三笠書房）、『心と体をすり減らさないためのストレス・マネジメント』（大和書房）などがある。

〈加藤諦三ホームページ〉http://www.katotaizo.com/

自分の幸せに気づく心理学

アメリカ「無名兵士の言葉」が教える大切なこと

2019年1月11日　第1版第1刷発行

著　者　加藤諦二
発行者　清水卓智
発行所　株式会社ＰＨＰエディターズ・グループ
〒135-0061　江東区豊洲5-6-52
☎03-6204-2931
http://www.peg.co.jp/
発売元　株式会社ＰＨＰ研究所
東京本部　〒135-8137　江東区豊洲5-6-52
普及部　☎03-3520-9630
京都本部　〒601-8411　京都市南区西九条北ノ内町11
PHP INTERFACE　https://www.php.co.jp/
印刷所
製本所　凸版印刷株式会社

ISBN978-4-569-84231-8